Richard Dahlhoff

Investieren in Kryptowährungen für Anfänger

Alles, was du zur erfolgreichen Geldanlage in Bitcoin und Altcoins wissen musst! Mit simplen Investmentstrategien vom Blockchain-Hype profitieren und ein Vermögen aufbauen.

Inhaltsverzeichnis

Einleitung

Spätestens seit 2017 sind Kryptowährungen dem Großteil der Bevölkerung ein Begriff. Durch die kurzzeitig extremen Kursanstiege diverser Kryptowährungen, allen voran Bitcoin, war diese neue Form des Geldes eine Zeitlang in aller Munde. Neben zahllosen Foren und Blogs im Internet wurde auch in Mainstream-Medien, wie der Tagesschau und Zeitschriften, wie dem Spiegel und der Bild-Zeitung, über das Phänomen Bitcoin berichtet. Und auch wenn der kurzzeitige Hype mit dem Platzen der Spekulationsblase Ende 2017 wieder vorüber war, so ist das Konzept von Kryptowährungen durch die breite Berichterstattung doch in weiten Teilen der Bevölkerung angekommen. Zwar haben noch immer relativ wenige Menschen ein wirklich fundiertes Wissen zu diesem Thema und viele dürften Kryptowährungen aufgrund der extremen Kursentwicklungen in 2017 auch eher als unseriöses und riskantes Investment betrachten. Trotz allem hat der damalige Hype massiv zu der wachsenden Bekanntheit von Kryptowährungen beigetragen und viele, die sich damals erstmalig mit dem Thema beschäftigten, haben ihr Interesse an diesem spannenden Thema nicht verloren. Sei es, dass sie von der Technik und der Philosophie hinter Kryptowährungen begeistert waren, oder diese als äußerst interessante und renditestarke Investmentmöglichkeit erkannt haben.

Und auch wenn es in der Zeit von 2018 – 2020 medial wieder deutlich ruhiger um Bitcoin und Co. geworden ist, so hat sich in der Szene selbst doch sehr viel getan. Zahllose junge Firmen haben unaufhörlich an ihren Projekten gearbeitet und die vielen Foren und Facebook-Gruppen zu Kryptowährungen zeigen ein ungebrochenes Interesse an dieser Thematik. Die konstant steigenden Teilnehmerzahlen machen deutlich, dass das Interesse auf lange Sicht zunimmt und sich mehr und mehr Leute mit der Thematik befassen.

Zu dem Zeitpunkt, an dem diese Zeilen geschrieben werden (September 2020) liegt das letzte Halving des Bitcoin vier Monate zurück. Diese besonderen Stichtage, an denen die Menge der regelmäßig neu ausgeschütteten Bitcoin halbiert wird, waren in der Vergangenheit zumeist der Beginn eines mittelfristigen Aufwärtstrends und deutlich steigender Kurse. Und in der Tat scheint sich auch diesmal ähnliches abzuzeichnen, denn die Preise aller großen Kryptowährungen sind in den letzten Monaten um zweistellige Prozentpunkte gestiegen. Nach Ansicht des Autors ist die Wahrscheinlichkeit groß, dass sich aktuell ein weiterer großer Boom der Kryptowährungen anbahnt, wie es ihn in der Vergangenheit schon einige Male gegeben hat. Die Wahrscheinlichkeit, dass in den nächsten 1-2 Jahren neue Höchststände bei den Kursen erreicht werden und Kryptowährungen als Thema erneut die Medien dominieren ist derzeit so hoch wie schon lange nicht mehr. Insofern scheint das Investment in Kryptowährungen aktuell äußerst chancenreich und vielversprechend zu sein, so dass jedem nur geraten werden kann sich mit diesem Thema zu beschäftigen, bevor die Kurse wieder neue Höchststände erreichen und der Kauf von Kryptowährungen nur zu deutlich höheren Kosten möglich sein wird.

Mit deiner Entscheidung für dieses Buch bist du den ersten Schritt zu einem hoffentlich sehr gewinnbringenden Investment bereits gegangen. Das

Ziel dieses Werks soll es sein die Geschichte und die Philosophie hinter Kryptowährungen zu beleuchten, sowie die Grundlagen der faszinierenden Technik hinter diesem neuen digitalen Geld zu vermitteln. Kern des Buchs soll aber natürlich das Investieren in Kryptowährungen sein. Hier werden wir die Chancen und Risiken beleuchten und Schritt für Schritt zeigen wie du Kryptowährungen sicher kaufen und aufbewahren kannst. Außerdem werden wir einige der großen Kryptowährungen näher betrachten um zu schauen welche sich als möglichst sicheres und aussichtsreiches Investment eignen. Zu guter Letzt schauen wir auch auf einige der häufigsten Fehler bei der Geldanlage sowie generell im Umgang mit Kryptowährungen. Sofern du neu in der Thematik bist empfehle ich dieses Kapitel mit besonderer Aufmerksamkeit zu lesen. Es kann dir einige sehr ärgerliche und unter Umständen teure Fehler bei deinen ersten Investments ersparen.
Nun wünsche ich dir aber viel Spaß beim Lesen und viele erfolgreiche Investments in der Zukunft!

Richard Dahlhoff, 14.09.2020

1 Was sind Kryptowährungen

Bevor wir uns in den folgenden Kapiteln mit der Geschichte und Entstehung von Kryptowährungen auseinandersetzen, wollen wir uns zunächst einmal damit beschäftigen was eine Kryptowährung überhaupt ist und welche Möglichkeiten und Grenzen es für diese Technologie gibt.

Ganz einfach ausgedrückt ist eine Kryptowährung ein digitales Zahlungsmittel. Wer sich noch nie mit den Hintergründen beschäftigt hat wird an dieser Stelle vermutlich anmerken, dass dies ja nichts Besonderes ist. Schließlich zahlen wir ja im Alltag ständig digital. Jede Zahlung mit EC- oder Kreditkarte, Paypal und auch jede Überweisung erfolgt schließlich digital und besteht letztlich nur darin, dass Summen aus einem virtuellen Konto aus- und woanders eingebucht werden. In der heutigen Zeit, wo der Großteil aller Zahlungsströme elektronisch verarbeitet wird, existiert sogar der Großteil des Geldes nur noch rein digital und das gedruckte Papiergeld stellt nur einen geringen Anteil der gesamten im Umlauf befindlichen Geldmenge dar. Doch was unterscheidet dann überhaupt eine Kryptowährung von einer klassischen Währung wie dem Euro oder dem Dollar?

Kryptowährungen werden häufig als Gegenentwurf zum sogenannten Fiatgeld der Zentralbanken beschrieben. Fiatgeld bezeichnet eine Währung ohne eigenen intrinsischen Wert. Es handelt sich also um Geld, das ausschließlich einen Wert besitzt, weil eine Gesellschaft sich darauf verständigt, dass bestimmten Scheinen oder Münzen ein Wert zugesprochen wird, der von allen anerkannt wird. Ein 100,- € Geldschein als solcher hat prinzipiell keinen signifikanten Wert. Es handelt sich lediglich um ein Stück bedrucktes Papier. Dadurch, dass sich unsere Gesellschaft aber darauf verständigt hat, dass dieses bedruckte Papier als Tauschmittel für Waren und Dienstleistungen dient, erhält der Schein seinen Wert. Das Kryptowährungen zumeist als Gegenstück zum Fiatgeld beschrieben werden ist insofern irreführend und falsch, da auch Kryptowährungen streng genommen eine Fiatwährung darstellen. Denn auch sie haben keinen intrinsischen Wert, sondern sind nur wertvoll, weil sich eine ausreichend große Zahl an Menschen darauf verständigt hat sie als Zahlungsmittel zu akzeptieren.

Der entscheidende und gewichtigste Unterschied zwischen Kryptowährungen und klassischen Fiatwährungen ist die dezentrale Struktur von Kryptowährungen. Währungen, wie der Euro oder der Dollar, werden von einer zentralen Instanz, der Zentralbank ausgegeben und kontrolliert. Banken dienen in diesem System als zentrale Sicherungsmechanismen und stellen sicher, dass Buchungen korrekt abgewickelt werden. In der Welt der Kryptowährungen ist genau diese Instanz nicht nötig. Durch die zugrundeliegende Blockchain-Technologie ist es bei Kryptowährungen möglich Geldsysteme ohne jede Kontrollinstanz zu erschaffen. Wie genau dies technisch funktioniert wollen wir uns im Kapitel 3 noch genauer ansehen. Hier zunächst nur so viel, dass Kryptowährungen durch ein gigantisches Netz von Rechnern, die nach dem Peer-2-Peer-Prinzip miteinander kommunizieren, gebildet werden. Diese Rechner kontrollieren sich gegenseitig und sichern das Netz gegen unerwünschte Eingriffe. Dies erfolgt durch ein System zur Konsensfindung, das durch Verschlüsselung gesichert ist. Hierdurch entstand auch die Bezeichnung der KRYPTO-Währungen.

Grundlage des Netzwerks ist eine Datenbank, die sämtliche Transaktionen protokolliert und (zumindest bei den meisten Kryptowährungen) von jedem Teilnehmer des Netzwerks eingesehen werden kann. Hierdurch sind Besitzverhältnisse stets klar geregelt und jederzeit völlig transparent.

Um die Unterschiede von Kryptowährungen zum klassischen Geldsystem zu verdeutlichen schauen wir uns im Folgenden einige typische Eigenschaften des elektronischen Geldes an. Die überwiegende Mehrzahl der Kryptowährungen hat die untenstehenden Eigenschaften gemein, wobei es bei der Vielzahl unterschiedlicher Währungen, die inzwischen existieren, natürlich immer Ausnahmen gibt, welche die Regel bestätigen.

1) Unumkehrbarkeit

Einmal vorgenommene und vom Netzwerk bestätigte Transaktionen können nicht mehr rückgängig gemacht werden. Dies ist eine direkte Folge der Dezentralität von Kryptowährungen. Da es keine kontrollierende Instanz gibt, kann auch niemand regulierend oder manipulierend in das System eingreifen. Dies hat zum einen natürlich immense Vorteile, denn somit kann keine Bank und kein Staat der Welt den Zugriff auf Kryptowährungen einschränken. Ein Bitcoin, der auf einer bestimmten Adresse liegt kann nur vom Besitzer mithilfe eines privaten Schlüssels kontrolliert werden. Ein Zugriff von Dritten ist ausgeschlossen, was das System enorm sicher macht. Hieraus ergeben sich allerdings auch Nachteile, derer man sich als Nutzer bewusst sein muss. So gibt es keine Bank, die eine Transaktion an eine falsche Adresse wieder rückgängig machen kann, oder dem Besitzer Zugriff auf sein Eigentum verschaffen kann, wenn dieser seinen privaten Schlüssel verloren hat. Das System fordert also eine gewisse Eigenverantwortung vom Nutzer, belohnt diesen allerdings auch mit der absoluten Sicherheit, dass niemand außer ihm selbst die Verfügungsgewalt über seinen Besitz hat.

2) Pseudonymität

Die meisten, jedoch längst nicht alle Kryptowährungen, sind pseudonym konstruiert. Das bedeutet, dass die Verteilung des Geldes auf die verschiedenen Adressen vollkommen transparent und jederzeit einsehbar ist. Die Nutzer der Adressen sind hierbei allerdings anonym, es existiert also kein Verzeichnis o.ä., aus dem die Identität der jeweiligen Nutzer erkennbar wäre. Der Bitcoin ist das Musterbeispiel für solch ein pseudonymes System. Es herrscht also zum einen vollkommene Transparenz, allerdings auch vollkommene Anonymität. Einige neuere Kryptowährungen legen einen besonderen Fokus auf Privatsphäre und haben zusätzliche Sicherheitsfunktionen eingebaut, die zudem für eine völlige Intransparenz im Netzwerk sorgen. Somit sind auch die Transaktionen im Netzwerk für Nutzer nicht mehr nachvollziehbar. Wichtig zu beachten ist zudem, dass die Anonymität in der Regel nur aufrechterhalten werden kann, solange man sich im Netzwerk der jeweiligen Kryptowährung bewegt. Beim Tausch der Kryptowährung in klassische Fiatwährungen muss der Nutzer in aller Regel seine Anonymität aufgeben, da hierbei in aller Regel Tauschbörsen und zumeist auch Banken involviert sind, die selbstverständlich eine eindeutige Identifizierung ihrer Nutzer voraussetzen.

3) Sicherheit

Wie bereits oben erwähnt sind Kryptowährungen durch den Einsatz starker und sehr bewährter Verschlüsselungsverfahren abgesichert. Der Sicherheitsstandard ist somit enorm hoch und bisher ist es noch niemandem gelungen die Verschlüsselung einer Kryptowährung zu brechen. Sofern in den Medien vom „Hack" oder „Diebstahl" von zum Beispiel Bitcoin die Rede ist handelt es sich praktisch immer um das Eindringen in eine der zahlreichen Tauschbörsen oder das Entwenden privater Schlüssel eines Benutzers. Eine Kryptowährung direkt zu „hacken" beziehungsweise zu manipulieren ist bisher noch niemand gelungen. Dies macht Kryptowährungen wohl zu einem der sichersten Wertspeicher der Welt, sofern der Nutzer die grundlegenden Vorsichtsmaßnahmen beachtet. Auch das Aufkommen von Quantencomputern ist für etablierte Währungen, wie den Bitcoin keine wirkliche

Gefahr, auch wenn dies gelegentlich behauptet wird. Zwar besteht durchaus die Möglichkeit, dass die aktuellen Verschlüsselungen mithilfe von Quantencomputern irgendwann gebrochen werden könnten. Der Bitcoin kann allerdings durch ein simples Update jederzeit zu quantensicheren Verschlüsselungsmethoden wechseln, wodurch die Gefahr abgewendet wäre. Dasselbe ist natürlich auch für andere Währungen möglich, so dass Quantencomputer keinesfalls die Gefahr darstellen, als die sie manchmal beschrieben werden.

Was Kryptowährungen im Hinblick auf die Sicherheit zudem enorm von klassischen Währungen unterscheidet ist die Tatsache, dass kein Außenstehender den Zugriff auf sie einschränken kann. Während Geld auf einem Bankkonto prinzipiell der Verfügungsgewalt des Besitzers entzogen werden kann ist dies bei Kryptowährungen nicht möglich. So können Banken beispielsweise jederzeit Konten sperren oder in Währungskrisen die Auszahlung des Geldes beschränken oder vollständig unterbinden. Der Besitzer von Kryptowährungen kann allerdings zu jedem Zeitpunkt über diese verfügen, solange er oder sie Zugriff auf das Internet hat.

4) Geschwindigkeit und Globalität

Weitere typische Eigenschaften von Kryptowährungen sind die Schnelligkeit, mit der Transaktionen im Netzwerk verarbeitet werden und die globale Natur der Währungen. Während im Bankensystem internationale Transaktionen noch immer relativ langsam und teuer sind spielt es bei Transaktionen von Kryptowährungen keine Rolle wo Ursprung und Ziel des Geldes liegen. Letztendlich stellt jede Transkation nur einen zusätzlichen Eintrag in einer gigantischen globalen Datenbank dar, wobei es überhaupt keine Rolle spielt, von wo diese Transaktion übermittelt wird. Ob ein Bitcoin also zwischen zwei Personen im gleichen Haushalt oder auf verschiedenen Kontinenten ausgetauscht wird spielt hinsichtlich Dauer oder Kosten der Transaktion keine Rolle. Kryptowährungen nach Afrika zu senden ist somit genauso aufwändig wie der Transfer in das Dorf nebenan. Insbesondere für Personen in Entwicklungsländern, die häufig keinen Zugang zu einer funktionierenden Banken-Infrastruktur haben sind Kryptowährungen deshalb eine sehr interessante und praktikable Möglichkeit Vermögenswerte zu transferieren und dies auch noch schnell und zu sehr geringen Kosten.

5) Begrenzte Geldmenge

Diese Eigenschaft trifft nur auf einen Teil der erhältlichen Kryptowährungen zu, darunter unter anderem auch Bitcoin, dessen Menge von vornherein auf 21 Mio. begrenzt ist. Dies steht im krassen Gegensatz zu klassischen Fiatwährungen, wo keine Obergrenze existiert und von denen stets mehr in Umlauf gebracht werden kann. Und in der Tat wird hiervon ja durchaus regelmäßig und gerne Gebrauch gemacht. So stellt die Erhöhung der Geldmenge eines der beliebtesten Werkzeuge dar, um Krisen oder konjunkturellen Schwächen entgegenzuwirken. Dies führt allerdings zu der allseits bekannten Inflation, die uns alle konstant ärmer macht, da eine Erhöhung der Geldmenge eben auch dazu führt, dass Geld mittel- bis langfristig im Wert sinkt.

Um dieser Entwicklung entgegenzuwirken ging man bei Bitcoin den entgegengesetzten Weg und konstruierte ihn bewusst als deflationäre Währung. Durch die Begrenzung der Gesamtmenge auf 21 Millionen Bitcoin wird eine Inflation effektiv verhindert. Da zudem davon auszugehen ist, dass im Lauf der Jahre immer mal wieder Bitcoin verloren gehen, etwa durch den Tod der Besitzer oder den Verlust von privaten Schlüsseln, wird die Anzahl, der im Umlauf befindlichen Coins sogar konstant geringer. Bei einer gleichbleibenden Nachfrage sollte also schon allein aus diesem Grund der Wert des Bitcoin langsam aber konstant immer weiter steigen. Vor diesem Hintergrund macht die Betrachtung von Bitcoin als digitales Gold sehr viel Sinn. Er ist in der Tat, ebenso wie das Edelmetall, weniger als alltägliches Zahlungsmittel geeignet. Dafür ist Bitcoin jedoch, ähnlich wie Gold, ein sehr guter Wertspeicher mit einer stark begrenzten Verfügbarkeit. Die Betrachtung von Bitcoin als digitales Äquivalent zum Gold, die sich in den vergangenen Jahren immer stärker durchsetzt, ist deshalb durchaus realistisch. Auch viele der neueren Währungen setzen auf eine Begrenzung der Geldmenge, da der Bitcoin gezeigt hat, dass ein solches Vorgehen ganz klare Vorteile gegenüber den prinzipiell unbegrenzt verfügbaren Währungen der Zentralbanken hat.

6) Abkehr vom Schuldgeld

Eine weitere wichtige Eigenschaft von Kryptowährungen ist die Abkehr vom Schuldgeldsystem der Notenbanken. Denn Geld entsteht in einem Finanzsystem wie unserem nur durch die Aufnahme Schulden. Und auch das Geld, das auf deinem privaten Konto liegt oder das in elektronischer Form auf den zahlreichen Weltmärkten kursiert, stellt letztendlich immer Schulden dar. Letztendlich ist das Geldsystem ein gigantisches System von Schuldscheinen, wo die Schulden einer Partei den Ansprüchen einer anderen gegenüberstehen. Und dieses System des Schuldgelds bringt durchaus einige Probleme mit sich, die sich in Form von Wirtschaftskrisen regelmäßig zeigen.

Kryptowährungen gehen hier bewusst einen anderen Weg. Der Besitzer einer Kryptowährung ist im wahrsten Sinne des Wortes Inhaber dieses virtuellen Assets und keines Schuldscheins. Er hat volle Verfügungsgewalt über die Coins auf einer bestimmten Adresse, die niemand beeinflussen oder einschränken kann.

2 Zur Entstehung von Kryptowährungen

Als Geburtsstunde von Kryptowährungen gilt gemeinhin das Erscheinen des berühmten Whitepapers zu Bitcoin im Jahre 2008. Eine oder mehrere unbekannte Personen unter dem Pseudonym Satoshi Nakamoto veröffentlichten das Dokument im Internet und legten hiermit die Grundlage für die über 6.000 Kryptowährungen, die heute existieren. Doch die Entwicklung des Bitcoin durch Satoshi Nakamoto wäre nicht möglich gewesen, ohne die Arbeit einiger genialer Köpfe, die ihm vorausgingen. Im Folgenden wollen wir uns deshalb die spannende Entwicklung anschauen, die schlussendlich zu einem alternativen Währungssystem führen sollte, welches das Potential hat die Wirtschaft der Zukunft grundlegend neu zu gestalten.

Der wohl wichtigste Meilenstein in dieser Entwicklung liegt im Jahr 1991. Die beiden Wissenschaftler Stuart Haber und W. Scott Stornetta entwickelten in diesem Jahr die Grundlagen für eine kryptographisch abgesicherte Verkettung von Daten, die in Form von Datenblöcken gespeichert werden. Sie veröffentlichten ihr Konzept in dem Artikel "How to Time Stamp Digital Documents"[1] und legten damit den Grundstein für die revolutionäre Blockchain-Technologie, die später als technologische Basis des Bitcoin dienen sollte. Im Kern handelte es sich hierbei um eine Methode, mit der es möglich war digitalen Daten einen unveränderlichen Zeitstempel zu verpassen. Dieses Konzept zur kryptographischen Zeitstempelung wurde später vom Bitcoin-Erfinder Satoshi Nakamoto übernommen und dient beim Bitcoin als grundlegender Mechanismus zur Sicherstellung der Datenintegrität. Das Verfahren bildet die Basis für ein unveränderliches Kassenbuch (Ledger), das beim Bitcoin alle Zahlungsströme aufzeichnet und eine dezentrale Währung ermöglicht, die ohne jegliche regulatorische Instanz auskommt. Was bei Haber und Stornetta ursprünglich als digitale Lösung für Zeiterfassung begann, sollte somit ein paar Jahre später ganze Wirtschaftsbereiche verändern.

Blickt man etwas genauer in den Lebenslauf von Scott Stornetta stößt man schnell auf Verbindungen zur Cypherpunk-Szene, einem Zusammenschluss von

[1] https://link.springer.com/article/10.1007/BF00196791

Internet-Aktivisten, die sich mit den Einflüssen von Technologie auf die Gesellschaft beschäftigten und sich für die Stärkung der Privatsphäre und vor diesem Hintergrund insbesondere für die Nutzung von kryptografischen Verfahren einsetzten. Heute gehen viele Kryptologen davon aus, dass die Kryptographie, so wie wir sie heute kennen, maßgeblich auf den Ideen und Überzeugungen der Cypherpunk-Bewegung basiert und sich auch die Idee einer Kryptowährung in dieser Szene entwickelte. Ein sehr berühmter Cypherpunk ist übrigens Julian Assange, der als Leitfigur der Webseite WikiLeaks bekannt wurde.

Vermutlich in diesem Umfeld kam Scott Stornetta mit den Arbeiten von David Chaum in Kontakt, einem US-amerikanischen Kryptographen und Erfinder diverser kryptographischer Protokolle. Schon 1985 veröffentlichte dieser einen Artikel mit dem Titel „Security without identification: Transacion systems to make Big Brother obsolete“[2]. Darin beschrieb er das Konzept eines

---

2 https://www.cs.ru.nl/~jhh/pub/secsem/chaum1985bigbrother.pdf

dezentralen digitalen Netzwerks, über das Transaktionen wie Käufe und Verkäufe, Verträge und Kommunikation zwischen Individuen abgewickelt werden könnten. Als Grund für seine Überlegungen nannte er damals die soziopolitischen Aspekte einer immer stärker werdenden Überwachung der Bevölkerung. Ideen und Konzepte dieser Art wurden damals über verschiedene Mailing-Listen ausgetauscht, der viele der damaligen Cypherpunks angehörten. Hier wurden verschiedenste technische, politische und wissenschaftliche Fragestellungen und Ideen diskutiert. In einer dieser Listen erwähnte auch der US-Ingenieur Wie Dai im Jahr 1998 erstmals den Begriff Kryptowährung. Dai hatte bereits im Vorfeld eine Veröffentlichung mit dem Namen b-money verfasst und dort ein Konzept für ein anonymes, verteiltes System für elektronisches Geld beschrieben. Wei Dai war übrigens auch eine der ersten beiden Personen, die Kontakt zu Satoshi Nakamoto hatten, als dieser 2008 den Bitcoin entwickelte.

Neben den Cypherpunks war Kryptografie lange Zeit ein Thema, mit dem sich in erster Linie Geheimdienste, das Militär und wenige Wissenschaftler beschäftigten. Kryptographische Verfahren wurden damals fast ausschließlich zur Verschlüsselung geheimdienstlicher oder militärischer Informationen genutzt. 1975 wurde dieses System jedoch grundlegend revolutioniert. Der Grund hierfür war die Arbeit von Martin Hellmann und Whitfield Diffie, zwei Wissenschaftlern, die sich intensiv mit kryptografischen Methoden beschäftigten. Sie entwickelten unter anderem das Konzept der asymmetrischen Verschlüsselung und der Public-Key-Kryptographie und legten somit die Basis für zahlreiche Verschlüsselungsverfahren, die heute im Internet genutzt werden. Diese neu entwickelten Verfahren legten den Grundstein für den Einzug kryptografischer Verschlüsselung in die breite Öffentlichkeit. Die Verschlüsselungsverfahren, die sich aus diesem Konzepte entwickelten sollten Jahre später auch ein integraler Bestandteil von Kryptowährungen werden und die Sicherheit und Integrität dieser Zahlungsmittel sicherstellen.

Im Jahr 1993 kam schließlich noch der US-Informatiker Nick Szabo ins Spiel und veröffentlichte eine schriftliche Abhandlung über Smart Contracts, also Computerprogramme, die Verträge abbilden, überprüfen, verhandeln und umsetzen können. Die oben erwähnte Public-Key-Kryptografie war zu diesem Zeitpunkt bereits bekannt und findet sich in der Arbeit von Szabo wieder. Auch Szabo war von Forschern wie David Chaum inspiriert und erkannte früh, dass das traditionelle Vertragsrecht durch kryptographische Protokolle revolutioniert werden könnte.

Von Nick Szabo stammt auch die Idee zu einer rein digitalen Währung namens Bit Gold, die bereits große Ähnlichkeit zum Konzept des Bitcoin aufweist. „Ich habe versucht, die Sicherheits- und Vertrauensmerkmale von Gold im Cyberspace so genau wie möglich nachzuahmen. Hauptsächlich ist, dass es nicht von einer vertrauenswürdigen zentralen Behörde abhängt" schreibt Szabo und definiert hiermit schon früh die Rolle, die Bitcoin Jahre später einnehmen sollte.[3]

---

[3] Quelle: https://de.bitcoinwiki.org/wiki/Nick_Szabo

Er veröffentlichte seine Theorie über eine dezentrale digitale Währung im Jahr 1998. Sein Konzept von Bit Gold stieß auf großes Interesse, wurde schlussendlich aber nie implementiert. Einer der Gründe war, dass Szabo ein sehr zentrales Problem digitaler Währungen nicht lösen konnte: das Double Spending. Dies bezeichnet das Problem, das digitale Geldeinheiten ohne entsprechende Sicherungsmechanismen mehrfach ausgegeben werden können. Eine digitale Währung sind letztendlich schließlich einfach nur Daten auf einem Computer und können als solche natürlich beliebig kopiert werden. Mit der Möglichkeit zahllose Kopien anzufertigen besteht natürlich die Gefahr Geldeinheiten beliebig zu vermehren und dieselbe Einheit mehrfach auszugeben. Eine Gefahr, die allen Kryptowährungen innewohnt und ohne dessen Lösung jede digitale Währung zum Scheitern verurteilt ist.

Doch auch wenn Szabo's Bit Gold schlussendlich nie das Licht der Welt erblickte, so gilt es heute doch als unmittelbarer Vorläufer des Bitcoin und der Informatiker Szabo als einer der Wegbereiter der großen Vielfalt an Kryptowährungen, die wir heute haben.

Satoshi Nakamoto, der schließlich als Erfinder von Bitcoin in die Geschichte eingehen sollte, trat urplötzlich 2008 ins Rampenlicht und keiner weiß bis heute genau, wer sich hinter dem Synonym verbirgt. Zwar kursieren bis heute zahllose Theorien über den oder die Person/en hinter dem Synonym, allerdings konnte die wahre Identität bis heute nicht gelüftet werden. Der Fakt, dass sich auf den Bitcoin-Adressen von Satoshi Nakamoto bis heute 980.000 Bitcoin (knapp 6 Milliarden Dollar nach heutigem Bitcoin-Kurs) befinden, macht das Rätseln nach der Identität des Bitcoin-Erfinders wohl umso reizvoller. Verdachtsfälle gibt es viele, so wurde neben dem japanischen Mathematiker Shinichi Mochizuki. dem Physiker und Kryptograph Hal Finney sowie dem Programmierer Craig Steven Wright auch Nick Szabo verdächtigt, der Entwickler von Bitcoin zu sein, der dies jedoch bis heute abstreitet.

Unabhängig von der Frage nach dem wirklichen Kopf hinter der Mutter aller Kryptowährungen, begann im Jahr 2008 langsam aber sicher der Siegeszug von Bitcoin. Das Konzept der weltweit ersten Kryptowährung wurde in dem inzwischen berühmt gewordenen Whitepaper von Satoshi Nakamoto erstmals beschrieben. Es trägt den Titel: „Bitcoin: A Peer-to-Peer Electronic Cash System" und wurde in einer Mailing-Liste für Kryptografie veröffentlicht. Hierin gelang Nakamoto die Lösung des Problems, an dem Nick Szabo zuvor mit seiner Währung Bit Gold gescheitert war: das Double-Spending. Nakamotos Lösung war nicht nur effizient, sondern auch noch äußerst elegant und entsprechend positiv wurde das veröffentlichte Whitepaper aufgenommen.

Anfang 2009 wurde schließlich die Bitcoin-Software veröffentlicht, mit der sich von nun an jeder Interessierte am Netzwerk beteiligen konnte. Nakamoto arbeitete ab hier mit mehreren anderen begeisterten Kryptographen und Programmierern am Projekt Bitcoin, verstand es allerdings auch hier seine Identität stets geheim zu halten. Im Jahr 2010 gab er jedoch nach und nach die Kontrolle über sein Projekt ab und übertrug alle Domains und Passwörter, und damit die Kontrolle über den Programmcode, auf mehrere seiner Mitstreiter. Satoshi Nakamoto trat nach 2010 nicht mehr in Erscheinung und sein gigantisches Vermögen liegt noch heute unangetastet auf den damals kreierten Bitcoin-Adressen.

Diese frühen Pioniere gelten als Urväter sämtlicher heute existierenden Kryptowährungen. Keine der heute über 6.000 verschiedenen digitalen Währungen, hätte ohne die Arbeit dieser Männer je das Licht der Welt erblickt. Ihre teils genialen Beiträge ermöglichten die Entstehung von Währungen, die ohne jegliche Beteiligung von Banken erschaffen und in Umlauf gebracht wurden.

Während die meisten Kryptowährungen gesellschaftlich noch keine Rolle spielen ist der Bitcoin hinsichtlich der Akzeptanz in der breiten Bevölkerung bereits sehr weit gekommen. Schließlich ist der Bitcoin nun bereits seit einigen Jahren fester Bestandteil der weltweiten Investmentkultur. Der Kurs findet sich neben Gold und dem Dax in großen Zeitungen und es wurden zahlreiche Fernsehberichte und Filme über das Phänomen Bitcoin gedreht. Am faszinierendsten sind hierbei natürlich die zahlreichen Geschichten über Menschen, die mit Bitcoin innerhalb kürzester Zeit steinreich geworden sind. Und in der Tat sind die gigantischen Wertsteigerungen, die bei zahlreichen Kryptowährungen in den vergangenen

Jahren stattgefunden haben, wohl einer der Hauptgründe warum viele Menschen in diesen Kosmos vorstoßen. Ob auch heute noch derart hohe Gewinne möglich sind wollen wir u.a. im Verlauf dieses Buchs ergründen.

2.1 Bitcoin – Geschichte und Entwicklung

Die Geschichte des Bitcoin beginnt im Januar 2009 mit der Generierung des ersten Blocks der Bitcoin-Blockchain, dem sogenannten Genesis-Block. Dies war der offizielle Start für die Bitcoin Blockchain, die seitdem konstant wächst. Heute sind der Bitcoin Code und die Bitcoin-Software von der Allgemeinheit einsehbar und Entwickler aus der ganzen Welt entwickeln das Projekt gemeinsam weiter. Der Bitcoin wird von allen Nutzern weltweit kontrolliert und keine Person oder Organisation besitzt die Währung oder kann allein über die Weiterentwicklung entscheiden.

Betrachtet man den Bitcoin aus der Nutzerperspektive, dann ist es nicht viel mehr als ein Computerprogramm, das über eine App eine persönliche Bitcoin Wallet zur Verfügung stellt. Über diese digitale Geldbörse kann der Nutzer Bitcoin senden und empfangen. Die Blockchain fungiert dabei als Buchungssystem, in dem jede Transaktion, die über das Bitcoin-Netzwerk stattfindet, gespeichert wird. Die Echtheit der zahlreichen Transaktionen wird durch kryptografische Verfahren sichergestellt. Jede Transaktion wird mit einer digitalen Signatur des Absenders versehen, mit der das Netzwerk validieren kann, dass die Transaktion vom rechtmäßigen Eigentümer stammt. Über das Mining kann jeder mithilfe von spezieller Hardware solche Transaktionen verarbeiten und validieren. Die Computer, die sich am Mining beteiligen tragen somit zur Stabilität und Sicherheit des Netzwerks bei. Miner erhalten für die Teilnahme an diesem Prozess eine Vergütung in Form von Bitcoin.

Der Wert des Bitcoin schwankt stark, aber hat sich unter dem Strich im Lauf der Jahre stetig gesteigert. Zu Beginn der Entwicklung hatte der Bitcoin keinen in anderen Währungen bezifferbaren Wert. Der erste bekannte

Wechselkurs lag bei 0.08 Cent (Dollar) für einen Bitcoin und wurde über Produktionskosten für das Mining kalkuliert. Hierbei entstehen Stromkosten, da die Lösung der kryptografischen Aufgaben eine gewisse Rechenleistung benötigt. 2010 gab es bereits erste Foren, die den Wechselkurs des Bitcoin dokumentierten. Der erste Warenaustausch fand am 22. Mai 2010 statt. Nach verschiedenen Rückschlägen überschritt der Bitcoin erstmals am 30.November 2013 die 1.000 US-Dollar-Marke. Den höchsten Kapitalzufluss verzeichnete der Bitcoin im Jahr 2017. In diesem Zeitraum überstieg der Wert aller im Umlauf befindlichen Bitcoin die 100 Milliarden US-Dollar Marke. Am 17. Dezember 2017 erreichte der Bitcoin seinen bisherigen Höchststand von fast 20.000 US-Dollar, sank dann aber bis Ende des Jahres 2017 wieder auf 14.000 US-Dollar. Höchst volatil, also stark schwankend, zeigt sich der Bitcoin-Kurs bis Ende 2019, als er das Jahr mit einem Stand von ca. 7.200 US-Dollar abschloss.

Trotz des deutlichen Preisrückgangs wechseln auch heute noch täglich Bitcoin im Wert von mehreren Millionen US-Dollar den Besitzer. Ähnlich dem herkömmlichen Devisenmarkt können Bitcoin an speziellen, häufig auch unregulierten, Onlinebörsen gegen andere Zahlungsmittel getauscht werden. Insgesamt wird jedoch nur ein kleiner Teil der existierenden Bitcoin gehandelt. Der größte Teil liegt dauerhaft und oftmals seit Jahren unangetastet auf verschiedensten Adressen im Netzwerk.

Im Unterschied zu herkömmlichen Währungen wie US-Dollar, Euro oder Yen ist die Entwicklung einer Inflation beim Bitcoin ausgeschlossen. Die Höchstmenge an Bitcoin, die in Umlauf kommen wird ist nach oben auf nur 21 Millionen Bitcoin begrenzt. Diese künstliche Verknappung des Bitcoin ist einer der Gründe für den stetigen Wertanstieg. Je mehr Menschen sich am System beteiligen und Bitcoin erwerben, umso seltener wird die Währung und umso höher steigt der Preis. Transaktionen sind bei Bitcoin übrigens bis zur 8ten Dezimalstelle möglich, wobei die kleinstmögliche Einheit als Satoshis bezeichnet wird. Zur Umrechnung: 1.000.000 Satoshis sind 1 Bitcoin. Somit können mit Bitcoin problemlos auch kleinere Beträge gezahlt werden, was insbesondere bei hohen Bitcoin-Preisen wichtig ist.

2.2 Altcoins

Der Begriff Altcoin leitet sich von den Wörtern „Alternative“ und „Coins“ ab. Es gibt verschiedene Definition von Altcoins innerhalb der Kryptoszene. Die vermutlich einfachste und verbreitetste bezeichnet alle Kryptowährungen als Altcoin, die nach dem Bitcoin entstanden sind. Somit ist jede Währung außer dem Bitcoin ein Altcoin.

Einige Anhänger von Kryptowährungen bezeichnen hingegen lediglich die Coins als Altcoins, die nach dem Bitcoin entstanden sind UND auf seinem Quellcode basieren. Wie bereits geschildert ist der Bitcoin ein Open-Source-Projekt und der Code somit frei verfügbar. Es gibt somit zahlreiche Projekte, die den Quellcode des Bitcoin als Basis nutzen und diesen nach eigenen Vorstellungen angepasst haben.

Eine dritte Definition von Altcoins, zählt all jene Kryptowährungen zu den Altcoins, die als Währung oder Geld genutzt werden. Ergänzend hierzu gibt es noch sogenannte Token, die nicht als Zahlungsmittel dienen, sondern andere Funktionen erfüllen. Welche das sind werden wir im weiteren Verlauf des Buchs noch erörtern.

Allen drei Definitionen gemein ist einzig der Ausschluss von Bitcoin, der definitiv nicht zu den Altcoins gezählt wird. Für den weiteren Verlauf des Buchs nutzen wir die erste Definition, da diese mit Abstand die häufigste und gebräuchlichste ist.

Rein technisch haben die alternativen Coins mehr oder weniger große Gemeinsamkeiten mit dem Bitcoin. Fast alle nutzen eine Blockchain als technologische Basis und werden auf ähnliche Art getauscht und verwendet wie der Bitcoin. Sie können in virtuellen Wallets verwahrt werden und lassen sich teilweise auch per Mining erzeugen. Entstanden sind alle aber aus der Entwicklung und dem Hype rund um die „Mutter aller Kryptowährungen", dem Bitcoin.

Als offenes Projekt angelegt, machten sich schnell erste Entwickler daran, vermeintliche Fehler des Bitcoin zu beseitigen, Funktionen zu verbessern oder Features auf individuelle Zwecke und Anforderungen zu ändern. Vor allem auf Grund einiger Probleme, die sich schrittweise beim Bitcoin zeigten, entstanden zahlreiche Altcoin-Projekte, mit dem Ziel eine technisch bessere Lösung zu schaffen. Zu den häufig kritisierten Problemen beim Bitcoin zählen zum Beispiel:

- Ineffizientes Mining (Sehr hoher Stromverbrauch + teure Hardware)
- Skalierungsprobleme
- Hohe Transaktionsgebühren
- Vollkommene Transparenz der Transaktionen

Nur in der ersten Marktphase, die von Januar 2009 bis ca. März 2017 verlief, dominierte der Bitcoin unangefochten den Kryptomarkt. Ab 2017 gewannen zahlreiche Altcoins deutlich an Beliebtheit und sicherten sich immer größere Marktanteile. Einige davon in kleineren Nischenprojekten, andere durchaus in größerem Maße wie beispielsweise die Währung Ether.

Altcoins erfreuen sich vor allem bei den risikofreudigen Investoren einer größeren Beliebtheit. Die Volatilität ist hier häufig noch stärker als beim Bitcoin, was es möglich macht hier innerhalb kurzer Zeit sehr hohe Gewinne, aber auch ebenso hohe Verluste zu erzielen. Bisher hat es allerdings keiner der Altcoins geschafft Bitcoin auch nur annähernd vom Thron zu stoßen. Die erste Kryptowährung der Welt verteidigt ihren Status bisher souverän und lässt die meisten anderen Währungen hinsichtlich ihrer Marktkapitalisierung weit hinter sich. Lediglich einige wenige Altcoins haben es geschafft, sich in ihrer jeweiligen Nische zu etablieren und zu ernst zu nehmenden Projekten heranzuwachsen, die irgendwann eine ähnliche Stellung wie der Bitcoin einnehmen könnten. Fünf dieser äußerst erfolgreichen Projekte sollen hier stellvertretend mit ihren Konzepten vorgestellt werden.

Ethereum (ETH) wurde durch die Ethereum Foundation entwickelt und hat es innerhalb weniger Monate geschafft sich aus einer Nische zu einem der bedeutendsten Projekte im Krypto-Bereich zu entwickeln. Inzwischen gilt der Coin **Ether** als Nummer 2 der erfolgreichsten Kryptowährungen direkt hinter dem Bitcoin. Ether dient in erster Linie als Zahlungsmittel auf der Ethereum-Plattform und spielt somit eine wichtige Rolle zur Aufrechterhaltung des

gesamten Netzwerks. Ähnlich wie beim Bitcoin gibt es auch hier Miner, die Transaktionen verifizieren und dafür mit Ether vergütet werden.
Die Hauptfunktion der Plattform ist die Entwicklung und Ausführung von dezentralen Apps (Dapps) sowie digitalen Verträgen, den sogenannten Smart Contracts. Auf die Möglichkeiten und die Funktionsweise dieser Technologie wird im Kapitel 4.3 genauer eingegangen. Die kurzen Ausführungen an dieser Stelle zeigen aber bereits, dass Ethereum mit dem Ether keine Alternative zum Bitcoin geschaffen hat, sondern völlig unterschiedliche Ziele verfolgt und auch das Netzwerk völlig andere Funktionen bietet.

Ripple (XRP) ist ebenfalls ein Open-Source-Projekt und wird mit seinem verteilten Peer-to-Peer Zahlungssystem vor allem im Banken- und Finanzsektor eingesetzt. Der Vorteil des Altcoins liegt in der Flexibilität hinsichtlich der Währungsnutzung, denn jede erdenkliche Währung lässt sich auf dem Ripple-Netzwerk abbilden. Ripple geht nicht den herkömmlichen Weg der Kryptowährungen, die das klassische Finanzsystem mit einer zentralen Notenbank ablehnen. Vielmehr setzt Ripple auf die Kooperation mit dem bestehenden Bankensystem und hat eigens für diesen Zweck die Organisation RippleLabs gegründet. Diese konzentriert sich auf die Entwicklung von Produkten, die von den Banken zur Abwicklung globaler Transaktionen verwendet werden können. Zur Abwicklung dieser Transaktionen dient der Ripple Token mit der Abkürzung XRP. Die Nähe zum Bankensektor und die fehlende Dezentralität machen Ripple in der Szene äußerst umstritten, da viele das Projekt als Verrat an der ursprünglichen Idee hinter Kryptowährungen betrachten.

Hinter **EOS (EOS)** steht ein Software-Projekt, das stark an die Ethereum Plattform angelehnt ist. Ziel des Unternehmens Block.one mit Sitz auf den Kaimaninseln ist nach eigenen Angaben die Entwicklung eines Ethereum 2.0. Dabei will man ein Blockchain-Betriebssystem entwickeln und auf der Plattform nicht nur Platz für eigene Währungs-Token machen, sondern dort auch Smart Contracts für andere Blockchain-

Ökosysteme zulassen. Das operative System versucht nicht einen dezentralen Super-Computer aufzubauen, sondern konzentriert sich auf der Erschaffung eines funktionalen, kryptografischen Protokolls für Business-Anwendungen. Vollkommen ohne Mining kommt der Delegated Proof of Stake Konsens bei EOS aus, bei dem Validatoren die Transaktionen bestätigen und freigeben. Auf der EOS Blockchain können parallel mehrere Dapps ausgeführt werden und es ist möglich asynchron miteinander zu arbeiten. Eine ähnliche Funktion wird beispielsweise auch bei WhatsApp verwendet, bei der die Rechner nicht zur selben Zeit online sein müssen, um miteinander kommunizieren zu können. Auch EOS ist ein Open-Source-Projekt.

Litecoin (LTC) wird in Anlehnung an Bitcoin oft auch als das digitale Silber bezeichnet. Im Jahr 2011 von einem ehemaligen Google-Ingenieur gegründet, war das Ziel eine alltagstauglichere Version des Bitcoin zu erschaffen, Die Blockchain, die Litecoin verwendet, ist schneller und bietet bessere Übertragungsgeschwindigkeiten. Auch hier verwendet man eine Open-Source Software und eine vollständig dezentrale Struktur. Doch im Gegensatz zum Bitcoin verwendet der Litecoin den Mining Algorithmus Skrypto. Der Vorteil liegt hier in der deutlich geringeren Rechenleistung, die benötigt wird. Somit ist das Mining auch mit sehr viel günstigerer Hardware profitabel, was die Hürde niedriger legt um sich am Miningprozess zu beteiligen. Ein Nachteil von Litecoin ist jedoch der hohe Speicherbedarf.

Bitcoin Cash (BCH) ist durch einen sogenannten Hard Fork des Bitcoin entstanden. Der Ableger entstand durch dauerhafte Abspaltung von der Bitcoin Blockchain und ist in der Kryptoszene äußerst umstritten. Viele sehen das Projekt als unnötig an, da es keine nennenswerten Verbesserungen zu Bitcoin bringen würde. Das Ziel ist die bessere Skalierbarkeit und die verbesserte Anpassung an alltagstaugliche Kryptoanwendungen. Das Netzwerk ist insgesamt größer und kann mehr Transaktionen als der Bitcoin bewältigen. Entstanden ist Bitcoin Cash durch die Abtrennung von der Hauptblockchain am 01.08.2017. Die Codebasis ist bis auf wenige Änderungen identisch zu Bitcoin. Mit dem

Zusatz Cash im Namen wird schnell klar, dass hier der Fokus darauf liegt eine digitale Währung auf Peer-to-Peer Basis zu entwickeln und weniger ein digitales Gold wie bei Bitcoin. Dabei sollen möglichst geringe Transaktionskosten entstehen und die Größe der Blockchain liegt nach einem erneuten Hardfork am 15.05.2018 bei derzeit 32MB mit rund 20 Millionen Transaktionen pro Tag.

Stellar (XLM) ist für einen schnellen, günstigen und transparenten Zahlungsverkehr rund um den Globus geschaffen worden. Unabhängig davon ob es sich um Banken, Dienstleister, Organisationen oder Menschen handelt, sollen alle vom Altcoin profitieren können. Die Non-Profit-Organisation hinter Stellar nutzte ebenfalls den Open-Source Ansatz für ihren Coin und will auch denjenigen Menschen den Zugang zur Finanzwelt ermöglichen, die bisher davon ausgeschlossen waren. Bei Stellar steht die soziale Komponente im Vordergrund und es soll vor allem um die „unbanked" Menschen in der Welt gehen, also diejenigen, die in ihrem Heimatland keinen ausreichenden Zugang zu einer Banken-

Infrastruktur haben. Auch hier steht hinter dem Altcoin eine gemeinnützige Stiftung, die Stellar Development Foundation (SDF). Man kann sagen, dass es sich bei Stellar um eine Art Hybrid zwischen einem Peer-to-Peer Netzwerk und einem Anbieter für elektronischen Zahlungsverkehr handelt. Aber vereinfacht ausgedrückt ist Stellar ein System zum Transfer von unterschiedlichen Währungen. Das Guthaben wird, ähnlich wie bei PayPal oder einer Bank verwaltet und kann auch in andere Währungen getauscht werden. Verwendet wird das Stellar Consensus Protokoll und jede Stellar-Transaktion kostet 0.00001 XLM. Durch die Zusammenarbeit mit finanzstarken Partnern wie etwa seit 2017 mit IBM ist der soziale Aspekt jedoch mehr und mehr in den Hintergrund gerückt und das Projekt vermehrt in die Kritik geraten.

2.3 Vom Experiment zur Entstehung einer neuen Anlageklasse

Ob man dem Konzept der Kryptowährungen positiv oder ablehnend gegenübersteht: Wer die Entwicklung des Bitcoin im Detail verfolgt, kann nicht anders als über diese unglaubliche Entwicklung staunen. Der Bitcoin hat sich von einem Projekt aus der Feder eines bis heute unbekannten Entwicklers zu einer ernstzunehmenden und weit verbreiteten Währung entwickelt. Während Krypto-Anarchisten, Visionäre und Freidenker von 100%iger finanzieller Unabhängigkeit sprechen, sehen Banker, Börsianer und Regulierungsbehörden im Bitcoin eine stärker werdende Bedrohung bewährter Finanzpolitik. Die Investition in Bitcoin und andere Kryptowährungen kann deshalb auch als Protest gegen das konventionelle Finanzsystem mit seinen bekannten Fehlern und Problemen verstanden werden. Neben diesen Personen, die aus Überzeugung in Bitcoin investieren, gibt es allerdings auch einen nicht zu geringen Anteil an Glücksrittern, die aufgrund der sprunghaften Wertentwicklung auf Bitcoin aufmerksam wurden und vom schnellen Geld träumen. Und in der Tat gibt es viele Beispiele für Menschen, die mit der Investition in Bitcoin viel Geld verdient haben. Allerdings auch mindestens genauso viele, die während eines großen Hypes auf den Zug aufsprangen und viel Geld verloren haben.

Obwohl phasenweise der Bitcoin in aller Munde war versteht die Mehrheit der Menschen nicht, welcher technologische Wert hinter der Kryptowährung steckt. Bitcoin konnte in Hochphasen innerhalb weniger Monate seinen Wert verzwanzigfachen und die Medien überschlugen sich daraufhin mit Berichten. Das unwirkliche digitale Geld, das für viele wenig greifbar war, schien in der Praxis sehr gut zu funktionieren und den globalen Finanzverkehr ordentlich aufzumischen. Zumeist folgten auf diese Hochphasen allerdings auch wieder starke Kursstürze und Phasen in denen der Bitcoin totgesagt wurde. Erholt hat sich die Währung allerdings bisher noch immer und ist nach einem Absturz bisher jedes Mal stärker zurückgekommen als zuvor und hat neue Höchstkurse erreicht.

Doch wer all den Hype um die Währung und die zahlreichen Geschichten über schnellen Reichtum vernachlässigt und sich intensiver mit Bitcoin beschäftigt, dem wird schnell bewusst wie intelligent das Konzept des Bitcoin eigentlich ist. Die vielen Vorteile der

Währung und das elegante technische Design sind der wahre Grund warum der Bitcoin seit Jahren eine steigende Zahl von Menschen in seinen Bann zieht.

Das Projekt Bitcoin begann rund 6 Wochen nach der Lehmann-Pleite und revolutionierte innerhalb weniger Jahre das Finanzsystem und änderte die Art, wie wir Geld betrachten. Das neue elektronische Geld kommt komplett ohne zentrale Kontrollinstanz wie Zentralbanken aus und ermöglicht jedem Teilnehmer die Rechtmäßigkeit von Transaktionen zu prüfen und selbst an der Validierung der Transaktionen teilzunehmen. Bereits heute umfasst das Bitcoin-Netzwerk weltweit mehr als 100.000 Knoten. Jeder dieser Knoten agiert gleichberechtigt und nach transparenten Regeln und Algorithmen. Jede Transaktion wird dabei dauerhaft und unveränderlich in der Blockchain abgespeichert. Ganz ohne Zentralbank und organisatorische Regelungen kann die dezentrale Struktur des Bitcoin somit politische oder technische Manipulationen effektiv verhindern. Es entstand eine Währung, die völlig unabhängig von Staaten, Banken und Regulierungsbehörden ist. Ein mathematischer Algorithmus erscheint vielen Menschen offensichtlich vertrauenswürdiger als die offiziellen Einrichtungen und Strukturen im Staatenverbund. Und die geringe Fehleranfälligkeit und außerordentlich hohe Sicherheit im Netzwerk zeigen eindrücklich, dass das Konzept des Bitcoin in der Praxis hält, was es in der Theorie verspricht. Seit mehr als 10 Jahren ist der Bitcoin nun da und zeigt sich als überaus robustes System. Es kann sich sogar anpassen und entwickelt sich konstant weiter. Kritiker des herkömmlichen Finanzapparates verweisen häufig auf die immer wiederkehrenden Finanzkrisen der letzten Jahrzehnte. Die sich stetig wiederholenden Krisen zeigen ein fundamentales Problem des aktuellen Finanzsystems, dass sich nicht so ohne weiteres beheben lässt. Scheinbar lässt sich das derzeitige System nicht langfristig stabilisieren, sondern durchläuft immer nur vorübergehende Phasen der Normalität bis die nächste Krise entsteht.

Von offizieller Seite gibt es zwar Kritik, aber zumindest in der westlichen Welt bisher keine ernsthaften Versuche Bitcoin oder digitale Währungen im Ganzen zu behindern oder gar zu verbieten. Allerdings sind immer stärker werdende Bemühungen zur Regulierung dieses alternativen Finanzsystems erkennbar, was allerdings auch bei Anhängern von Kryptowährungen zumeist begrüßt wird. Ein gewisser Anlegerschutz und Rechtssicherheit beim Umgang mit Kryptowährungen sind schließlich eine Grundvoraussetzung um auch Zweifler von den Vorzügen zu überzeugen und Bitcoin und andere Währungen langfristig im Finanzsystem zu etablieren.

3 Grundlagen

Nachdem wir die Entwicklung der Kryptowährungen näher betrachtet haben und uns bereits einen kurzen Überblick über verschiedene Konzepte und Anwendungsfälle verschafft haben, sollen im kommenden Kapitel die Grundlagen der Funktionsweise von Kryptowährungen behandelt werden. Hierbei gehen wir zum einen auf die Technik ein, allerdings ohne uns in allzu komplizierten Details zu verlieren. In diesem Kontext sollen zudem diverse Grundlagen zum Umgang mit Kryptowährungen dargestellt werden, z.B. die Aufbewahrung in verschiedenen Arten von Wallets und der sichere Umgang mit öffentlichen und privaten Schlüsseln.

3.1 Blockchain – Die revolutionäre Technik hinter Kryptowährungen

Es handelt sich bei der Blockchain wohl um eine der größten technischen Innovationen der letzten Jahrzehnte. Sie hat nicht nur das Potenzial ganze Wirtschaftszweige zu revolutionieren, sondern könnte im Zusammenspiel mit der digitalen Transformation zu einer neuen industriellen Revolution, der Industrie 4.0 führen. Die Blockchain ist eine Form der „Distributed-Ledger-Technologien" oder kurz DLT. Häufig werden diese beiden Begriffe auch synonym verwendet. Hierbei handelt es sich um ein gemeinsam genutztes und nicht veränderbares Hauptbuch (Ledger), in dem Transaktionen aufgezeichnet werden. Ein zentraler Punkt ist hierbei die Dezentralität. Der Ledger wird also nicht von einer zentralen Instanz verwaltet, sondern in Form beliebig vieler Kopien bei verschiedenen Parteien gespeichert. Hieraus bildet sich ein Netzwerk, in dem alle jemals getätigten Transaktionen auf der Blockchain dauerhaft und unveränderlich abgespeichert sind.

Zu den Schlüsselelementen einer Blockchain gehören:

A) Die Distributed-Ledger-Technologie

Ein verteiltes Hauptbuch (Ledger), auf das alle im Netzwerk befindlichen Partner Zugriff haben und jederzeit die gespeicherten Datensätze einsehen können. Dies ermöglicht die Verwaltung von Daten im Internet nach dem Prinzip eines Peer-to-Peer-Systems. Die auf der Blockchain gespeicherten Daten können entweder öffentlich (unpermissioned) oder privat (permissioned) gespeichert sein. Im Fall des Bitcoin und der meisten anderen Kryptowährungen sind die gespeicherten Daten öffentlich und somit von jedermann einsehbar. Die Blockchain funktioniert in der Regel wie eine Art Kassenbuch, das dezentral über viele Teilnehmer hinweg gespeichert ist. Es entsteht eine unveränderliche Datenstruktur, die durch kryptographische Verfahren äußerst manipulationssicher ist. Bei Kryptowährungen wird die Technologie dazu verwendet Transaktionen zu dokumentieren, doch es existieren noch zahlreiche weitere Anwendungsfälle für Blockchains. In der Industrie kann mit ihrer Hilfe zum Beispiel eine Lieferkette verwaltet und die Herkunft von Produkten zweifelsfrei nachgewiesen werden.

Neben der klassischen Blockchain existieren noch weitere Varianten der DLT, die an dieser Stelle aber nur kurz erwähnt werden sollen. So existieren beispielsweise mit blockDAG und TDAG noch zwei weitere DLT-Konzepte, die z.B. bei den Projekten Nano bzw. IOTA zur Anwendung kommen. Jedes Konzept bietet verschiedene Vor- und Nachteile. So zeichnet sich die Bitcoin-Blockchain z.B. durch eine hohe Datensicherheit und Stabilität aus.

blockDAG bewegt Daten schneller und kostengünstiger als klassische Blockchains und eignet sich deshalb besonders für alle Arten von digitalen Anwendungen, wo Skalierbarkeit und kostengünstige Transaktionen eine wichtige Rolle spielen. Vor allem aber ist diese Technologie besonders geeignet für eine große Anzahl an Kleinsttransaktionen mit geringem Wert. BlockDAGs besitzen zentralisierte Funktionen wie Koordinatoren oder vorselektierte Validatoren. Sie sind damit im Gegenzug nicht wirklich dezentral und damit anfälliger für Manipulationen.

TDAG hingegen eignen sich ausgezeichnet für alle Anwendungen bei denen Anonymität gefragt ist. Sie bieten darüber hinaus ebenfalls eine sehr hohe Skalierbarkeit und sind sehr gut geeignet um große Mengen von Transaktionen zu verarbeiten.

B) Nicht veränderbare Datensätze

In einer Blockchain ist es unmöglich, Transaktionen zu ändern oder zu löschen. Jede Transaktion wird im gemeinsam genutzten Hauptbuch, dem Ledger, aufgezeichnet. Kommt es einmal zu einer fehlerhaften Transaktion, muss diese über eine erneute Transaktion rückgängig gemacht. Danach sind aber beide Transaktionen transparent und dauerhaft auf der Blockchain abgespeichert. Der Name Blockchain rührt daher, dass die Daten in zusammenhängenden Blöcken, wie in einer Kette gespeichert werden. In einer Blockchain können nicht nur Werttransaktionen abgebildet werden, sondern praktisch jede Transaktion für ein digitales Asset. Dazu gehören auch Personen und Objekte. Sie alle erhalten ein digitales Abbild, das mit einer eindeutigen unveränderbaren Identität versehen ist. In einem Konsensverfahren eignen sich alle Knoten (Nodes) im Netzwerk auf einen einheitlichen Stand der Datenkette. Mittels kryptografischer Verfahren wird sichergestellt, dass die in die Blockchain aufgenommenen Daten nicht mehr veränderbar sind.

Die lückenlose und unveränderliche Datenaufzeichnung ist die ideale Methode um die Übertragung von Eigentumsverhältnissen zu dokumentieren. Da sich die Datensätze nicht nur an einem Ort, sondern auf jedem Computer im Netzwerk befinden macht dies Manipulationen so gut wie unmöglich. Jede Änderung der Daten muss schließlich nicht nur auf der lokalen Kopie der Blockchain erfolgen, sondern wird an jeden Rechner im Netzwerk verschickt und muss auch von diesen akzeptiert werden. Damit ein neuer Block genehmigt und in die Blockchain eingefügt wird muss dieser von mindestens 51% der beteiligten Rechner als korrekt identifiziert und bestätigt werden. Um bewusst Manipulationen an der Blockchain durchzuführen müsste ein Angreifer also mehr als 51% der Rechner im Netzwerk kontrollieren. Dieser Mechanismus führt dazu, dass Kryptowährungen umso sicherer werden, je mehr Teilnehmer sich am Mining, also dem Validieren von Transaktionen, beteiligen. Viele der etablierten Währungen haben heute bereits eine Größe erreicht, die eine erfolgreiche Manipulation der Blockchain praktisch unmöglich macht. Dies führt zu einer hohen

Ausfallsicherheit der Systeme und macht sie unempfindlicher gegen Angriffe von außen.

C) Intelligente Verträge

Intelligente Verträge werden auch Smart Contracts genannt und ermöglichen die Abbildung einer vertraglichen Logik durch Computer-Algorithmen. Die programmierbaren Verträge sind so konzipiert, dass sich ihr individueller Programmcode automatisch auf der Blockchain ausführen lässt. Der Smart Contract enthält in der Regel verschiedene Wenn-Dann-Regeln. Er prüft also automatisch ob eine oder mehrere zuvor festgelegte Bedingungen zutreffen und führt dann automatisch bestimmte vorab definierte Aktionen aus. Ein einfaches Beispiel wäre zum Beispiel ein Smart Contract, der einen Kaufvertrag abbildet. Der Vertrag prüft hierbei ständig eine vorher definierte Adresse auf einen Geldeingang. Sobald eine festgelegte Summe auf dieser Adresse eintrifft wird automatisch ein Code ausgeführt, der ein bestimmtes digitales Asset von einer Person auf eine andere überträgt. Der Code des Smart Contracts ist hierbei transparent für alle Beteiligten einsehbar.

Gleichzeitig läuft ein solcher Vertrag völlig autark und kann von keiner Partei gestoppt werden. Smart Contracts bieten allen Beteiligten also eine enorme Sicherheit, da sich sowohl Käufer als auch Verkäufer sicher sein können ihre Gegenleistung zu erhalten, sobald die zuvor definierten Bedingungen erfüllt sind. Wie genau diese Bedingungen definiert sind kann direkt im Code des Smart Contracts abgelesen werden. Gleichzeitig entsteht ein hohes Maß an Unabhängigkeit für die Beteiligten, da die Vertragspartner nicht auf die Mitwirkung eines Vermittlers angewiesen sind. Das verringert auch die Gefahr für Manipulationen von Dritten, da die Smart Contracts auf der Blockchain vollkommen automatisch und dezentral abgewickelt werden. Zudem könnte dies zukünftig zu einer enormen Vereinfachung und Kostenersparnis führen. Man denke hier z.B. an die Möglichkeit ein Grundbuch für Immobilien digital auf einer Blockchain abzubilden. Die Eigentumsrechte an Immobilien wären jederzeit völlig klar und transparent definiert. Gleichzeitig könnte die Übertragung von Immobilien ohne die teure Einschaltung eines Notars erfolgen, da sich der

Kaufvorgang extrem sicher über Smart Contracts durchführen lässt. Statt herkömmlicher Währungen kommen im Rahmen von Smart Contracts Kryptowährungen als Zahlungsmittel zum Einsatz. In Ethereum, dem derzeit größten Netzwerk für Smart Contracts, dient z.B. die Währung Ether als Zahlungsmittel.

Die Vorteile von Smart Contracts sind:

- Sehr effizient & kostengünstig
- Ausschluss menschlicher Fehlerquellen
- Nachvollziehbar, transparent und irreversibel
- Unabhängig von zentralen Behörden oder Notaren
- Durchführung vertrauenswürdiger Transaktionen und Vereinbarungen
- Statusänderungen in Echtzeit an alle Vertragspartner
- Durch kryptografische Verfahren sehr manipulationssicher

Neben der Eigentumsübertragung bieten Smart Contracts noch deutlich weitreichendere Anwendungsmöglichkeiten. So könnten sie z.B. im Rahmen des Managements von Lieferketten (Supply Chain Management) genutzt werden, im Bereich der digitalen Krankenakten, für Mietverträge, Lizenzvergaben und noch vieles mehr. Die Anwendungsmöglichkeiten sind schier gigantisch.

Wie bereits erwähnt ist Ethereum aktuell die fortschrittlichste Blockchain zur Abbildung von Smart Contracts. Diverse weitere Projekte mit ähnlichen Ansätzen, wie z.B. die EOS Blockchain, sind jedoch in der Entwicklung und planen Ethereum den Rang abzulaufen. Beim Bitcoin gibt es dagegen nur sehr begrenzte Möglichkeiten für die Unterstützung und den Einsatz von Smart Contracts.

3.2 Coins vs. Token

Im Bereich der Kryptowährungen ist die Unterscheidung zwischen Coins und Token eine der fundamentalsten Kategorien, die zur Differenzierung des use case verschiedener Projekte herangezogen werden. Streng genommen handelt es sich bei Token gar nicht um Währungen, da diese nicht primär als Zahlungsmittel eingesetzt werden. Trotz allem wird der Begriff Kryptowährung häufig als Oberbegriff für beide Arten digitaler Assets genutzt. Um das Begriffschaos noch perfekter zu machen wird auch der Begriff Coin häufig als Oberbegriff für Kryptowährungen ganz allgemein verwendet. Im Folgenden wollen wir die Begrifflichkeiten ein wenig sortieren, auch wenn es für den Alltag nicht wirklich relevant ist die feinen Unterschiede zu kennen. Trotz allem ist es hilfreich sich die Unterschiede einmal vor Augen zu führen, um zukünftig Coins und Token mit ihren jeweiligen Eigenschaften besser einordnen zu können.

Coins

Ein Coin ist ein digitales Asset, das als Zahlungsmittel konzipiert wurde und wie Geld genutzt werden kann. Ein weiteres Charakteristikum von Coins ist, dass diese ihre eigene Plattform nutzen und unabhängig von anderen Plattformen verwendbar sind. Einige Beispiele für bekannte Coins sind Bitcoin, Litecoin und Ether. Einige basieren auf dem Bitcoin-Quellcode und wurden von ihren Entwicklern modifiziert, während andere von Grund auf eigenständig entwickelt wurden. Alle verfügen jedoch über eine eigene technische Plattform, auf der sie genutzt werden können. Auch Währungen, die innerhalb einer eigenständigen Blockchain arbeiten, werden häufig als Coins bezeichnet, darunter EOS, Cardano oder NEO. Coins müssen nicht immer zwingend den Namen der Organisation oder des Projektes tragen, wobei dies aber häufig der Fall ist. Coins werden genutzt, um Projektideen oder Dienstleistungen zu ermöglichen. Sie erfüllen innerhalb des Projektes einen ganz bestimmten Zweck. Meistens ist ein Coin als Zahlungsmittel vorgesehen.

Die Vorteile von Coins im Überblick:

- In der Regel sind Coins nicht beliebig vermehrbar, sondern in ihrer Anzahl und Gesamtheit begrenzt.
- Der Transfer von Coins ist in der Regel schnell und günstig durchführbar
- Coins sind unabhängig von Staaten, Zentralbanken oder Regulierungsbehörden

Token

Token bieten Funktionalitäten, die über die von Coins hinausgehen. Sie haben nicht immer nur eine Aufgabe, sondern können auch mehrere Funktionen gleichzeitig erfüllen. Ihr Hauptanwendungszweck beschränkt sich zudem nicht auf die Verwendung als Zahlungsmittel.

Token werden stets auf einer bestehenden Blockchain gehostet und sind daher auch leichter zu erstellen als Coins. Die mit Abstand meisten Token wurden bisher auf der Ethereum-Blockchain erstellt und werden häufig als ERC-20-Token bezeichnet. Die Urheber eines solchen Token können hierbei auf die Infrastruktur von Ethereum zurückgreifen und die dort bereits implementierten Funktionen nutzen. Sie erstellen dann lediglich einen Token mit bestimmten Eigenschaften um die jeweils gewünschte Aufgabe zu erfüllen.

Token können damit eher als eine Art digitales Asset bezeichnet werden, denn als Währung. So gibt es zum Beispiel Token, die bestimmte Güter der realen Welt, wie z.B. Immobilien oder Rohstoffe, auf einer Blockchain darstellen und dort gehandelt werden können. Andererseits gibt es Token, die bestimmte Stimmrechte repräsentieren. Der Besitzer des Token erwirbt damit das Recht an Abstimmungen teilzunehmen und bestimmte Entwicklungen zu beeinflussen.

Aus einem Token kann nach erfolgreicher Einführung eines Projektes durch die Initialisierung einer eigenen Blockchain dann auch ein Coin werden. Zu den bekanntesten Token gehören derzeit Maker, Binance Coin, Tether, Omise GO und Chainlink.

Das vermehrte Aufkommen von Token hat im Jahr 2017 zu einem wahren Boom von ICO's geführt. ICO steht hierbei für Initial Coin Offering und ist vergleichbar mit einem IPO bei Aktien. Es handelt sich also um eine Form der Kapitalbeschaffung von Firmen, bei dem Investoren neu geschaffene Token erwerben können. Da viele dieser Token innerhalb kürzester Zeit enorm an Wert gewannen erregte dies zum einen die Aufmerksamkeit von Investoren, die von den ungewöhnlich hohen Renditen angezogen wurden sowie von Unternehmern, die aufgrund des Hypes das schnelle Geld witterten. Innerhalb kürzester Zeit schossen immer mehr Blockchain-Projekte aus dem Boden und sammelten mit ICO's teils enorme Summen ein. Da jedoch viele der Projekte eher zweifelhafter Qualität waren und nicht das lieferten, was versprochen wurde platzte die Blase irgendwann und die Kurse stürzten ins Bodenlose, was zu enormen Verlusten bei vielen Anlegern führte. Inzwischen hat sich der Markt für ICO's wieder deutlich beruhigt. Auch die Staaten sind auf diese Form der Kapitalbeschaffung aufmerksam geworden und haben den Missbrauch durch verschiedenste Regularien deutlich erschwert. Näheres zu ICO's und ob sich das Investment in Token heute noch lohnt erfährst du in Kapitel 5.5.

Token werden immer bestimmte Funktion oder ein bestimmter Wert zugesprochen, daher kann man sie anhand dieser Kategorien auch leicht unterscheiden. Das Bundesministerium für Finanzen hat ein Merkblatt herausgegeben, um die Rechtssicherheit zur regulatorischen Einordnung von Token im Bereich der Wertpapieraufsicht zu erhöhen[4].

Im Folgenden wollen wir uns die unterschiedlichen Arten von Token ansehen und ihre Funktionen näher betrachten.

a) Payment Token

Payment Token zählen zu den bekanntesten Token und dienen in erster Linie als Zahlungsmittel. Sie ähneln somit in ihrem Anwendungszweck dem Bitcoin, besitzen jedoch keine eigene Plattform, sondern nutzen eine fremde Blockchain, auf der sie als Zahlungsmittel fungieren. Sie ermöglichen Käufe, Verkäufe und andere Finanztransaktionen und besitzen in vielerlei Hinsicht

---

4 https://www.bafin.de/SharedDocs/Downloads/DE/Merkblatt/WA/dl_wa_merkblatt_ICOs.pdf?__blob=publicationFile&v=1

die gleichen Funktionen oder Eigenschaften wie klassische Währungen, wie der US-Dollar oder der Euro. Payment Token können über Online-Börsen erworben werden und ähnlich wie verschiedene Coins können sie als Zahlungsmittel für Waren oder Dienstleistungen eingesetzt werden. Die Mehrzahl der heute verfügbaren Payment Token sind allerdings nicht sehr verbreitet und eignen sich derzeit noch nicht als generelles Zahlungsmittel, da es noch an Akzeptanzstellen fehlt.

b) Utility Token, leitet sich aus dem Englischen „utility" für Nutzen oder Verfügbarkeit ab und sind Token, die mit bestimmten Nutzungsrechten ausgestattet sind. Diese berechtigen den Token-Besitzer dazu, eine bestimmte Dienstleistung in Anspruch zu nehmen oder gewähren ihm Zugriff auf ein definiertes Produkt oder einen Service. Ein Käufer erwirbt also beim Kauf eines Utility Token keine Eigentumsrechte am Unternehmen, wie es bei Aktien der Fall ist, sondern erhält ein Nutzungsrecht an Produkten und Dienstleistungen innerhalb des Netzwerks. Dies kann zum Beispiel der Kauf von Speicherplatz auf einer Cloud-Plattform sein, oder der Zugang zu Premium-Funktionen einer App, die nur für Besitzer des Utility Token verfügbar sind.

Utility-Token werden durch die BaFin nicht als elektronisches Geld angesehen, sofern keine Annahme durch Dritte erfolgt oder sie im Austausch gegen Payment Token ausgegeben werden. Die Token sind derzeit nicht als Finanzinstrumente im Sinne des Bankengesetzes klassifiziert und es scheint, dass sich die Behörden mit der Einordnung und Klassifizierung derzeit noch schwer tun. Aktuell sind Utility Token noch relativ schwach reguliert, wodurch es praktisch keinen Anlegerschutz in diesem Bereich gibt. Die Käufer von Utility Token haben kaum nennenswerte Rechte, die sie bei Problemen durchsetzen könnten. Stellt ein Anbieter den gewünschten Service einfach ein, bleibt der Kunde nicht selten auf dann völlig wertlosen Token sitzen. Es besteht in diesem Bereich also noch großer Bedarf für Regulatorien, um die Käufer solcher Token besser abzusichern und allen Seiten Rechtssicherheit zu gewährleisten.

c) Security Token

Der Begriff stammt nicht etwa vom englischen „Security = Sicherheit“ ab, sondern bezieht sich auf den Begriff „securities“ für Wertpapiere. Diese Token repräsentieren also digitale Unternehmensanteile und haben damit wertpapierähnliche Eigenschaften. Es ist hiermit möglich Aktien oder Genussscheine in die Welt der Blockchain zu übertragen und dort zu handeln. Auch die Auszahlung von Dividenden ist direkt über die Blockchain vollautomatisch abbildbar. Anleger und Token-Anbieter stehen hierbei ohne Mittelsmann in direktem Kontakt, das vereinfacht den Prozess und wirkt sich positiv auf die Effizienz des gesamten Investment aus. Da Security Token aber von den Aufsichtsbehörden wie Wertpapiere behandelt werden, unterliegen die herausgebenden Unternehmen auch hohen regulatorischen Anforderungen. Dies macht es Security Token derzeit noch sehr schwer am Markt Fuß zu fassen. Die Zulassung eines solchen Token ist mit einem enormen Aufwand und somit auch hohen Kosten verbunden, was es den zumeist jungen Unternehmen in dieser Branche derzeit noch sehr schwer macht.

Trotzdem prophezeien viele Experten, dass Security Token in naher Zukunft eine immer stärker werdende Konkurrenz zum klassischen Aktienmarkt darstellen könnten. Die Herausgabe neuer Security Token, die als Security Token Offerings (STO) bekannt sind könnte nach dem Hype rund um Initial Coin Offerings unter Umständen einen weiteren großen Boom im Bereich der Kryptowährungen auslösen. Hierzu müssen allerdings zunächst noch einige regulatorische Grundlagen geschaffen werden, die allen Seiten Rechtssicherheit bei der Nutzung der Token garantiert.

d) Equity Token

Diese Token lassen sich als Sonderform der Security Token betrachten und sind vergleichbar mit klassischen Aktien oder Unternehmensanteilen. Ein Investor erwirbt mit einem Equity Token Miteigentum an der Blockchain des Herausgebers und damit auch entsprechende Stimmrechte. Als Investor ist man an der wirtschaftlichen Entwicklung des jeweiligen Unternehmens oder Projektes beteiligt und die Rendite wird in Form von weiteren Token ausbezahlt. Aufgrund ihrer Ähnlichkeit zu Aktien haben sich Equity Token als Möglichkeit der Unternehmensfinanzierung im Bereich der Blockchain-Startups einen Platz gesichert. Zwar müssen alle Vorschriften, die für den regulären Wertpapierhandel gelten, auch bei Equity Token eingehalten werden, was für die betroffenen Unternehmen mit einem hohen bürokratischen und juristischen Aufwand verbunden ist. Allerdings gibt es auch spezielle Regelungen um auch jungen Start-Ups einen Zugang zu dieser Finanzierungsmethode zu bieten. Die Ausgabe erfolgt über sogenannte ETOs (Equity Token Offerings), eine Sonderform der ICO.

e) Asset Backed Token

Hierbei handelt es sich um Token, die an ein bestimmtes Anlagegut (Asset) geknüpft sind wie beispielsweise Rohstoffe oder Immobilien. Den Token liegt also ein „Realwert" zugrunde, was die Sicherheit für den Investor erhöht. Als mögliches Anwendungsbeispiel von Asset Backed Token sind zum Beispiel Baugenossenschaften denkbar. Diese könnten eine Immobilie „tokenisieren" und es auf diesem Weg

Investoren ermöglichen sich Eigentumsrechte an einem Teil der Immobilie zu sichern. Asset Backed Token sind als Anlage-Token definiert und daher von einigen Ländern über ihre Finanzaufsichtsbehörden reguliert. Sie haben einen tatsächlichen Wert und bieten einen sicheren, schnellen und kostengünstigen Handel mit traditionellen Vermögenswerten über die Blockchain. Sie erhöhen die Liquidität für traditionelle Wertpapiere. Hier bedeutet Liquidität die Leichtigkeit und Geschwindigkeit mit der Vermögenswerte zum Marktpreis gekauft oder verkauft (liquidiert) werden. Eine gute Liquidität kann den Wert des zugrunde liegenden Vermögenswertes erhöhen. Typische Asset Backed Token finden sich in Derivaten, Private Equity (Kapitalbeteiligungen, die nicht börslich gehandelt werden), Immobilien und Real Estate Investment Trusts (REITs), Sammlerstücken und anderen Vermögenswerten, für die es traditionell schwierig war, unmittelbare Käufer zu finden.

Es gibt vier Hauptklassen für Asset Backed Token:

1. Schulden- und Eigenkapital-Tokenisierung
2. Asset Backed Token für Rohstoffe
3. Nicht handelbare harte Vermögenswerte wie Trust Interests, Alternative Investmentfonds AIF und Optionen
4. Nicht handelbare weiche Vermögenswerte, wie Markeneintragungen, Domains, Firmennamen, Zertifizierung, Bücher und eBooks, Unternehmensbroschüren, Social-Media Konten

3.3 Private und Public Key

Für das Versenden und Empfangen von Kryptowährungen werden Verfahren der asymmetrischen Kryptographie verwendet. Während die einfache, also symmetrische Kryptografie, lediglich einen Schlüssel zum ver- und entschlüsseln vorsieht, funktioniert das Versenden und Empfangen von Kryptowährungen mit zwei Schlüsseln: Private und Public Key. Diese Form der Verschlüsselung wurde 1970 entwickelt und erhöhte die Sicherheit der bis dato verwendeten einfachen Verschlüsselungsverfahren beträchtlich.

Machen wir uns anhand eines Beispiels die Unterschiede der beiden Verfahren deutlich:

Nehmen wir an Person A hat eine Truhe und möchte dort geheime Informationen sicher verstauen. Die Truhe hat ein Schloss und es gibt hierzu einen Schlüssel, der das Schloss öffnet und schließt. Bei symmetrischer Kryptographie ist das Öffnen der Truhe nur mit diesem Schlüssel oder einer exakten Kopie davon möglich. Wenn Person A also anderen Personen Zugriff auf den Inhalt der Truhe geben möchte muss der Schlüssel kopiert und weitergegeben werden, was natürlich mit einem hohen Risiko für Person A verbunden ist. Schließlich gibt sie in diesem Moment die Kontrolle darüber auf, was mit ihrem geheimen Schlüssel passiert. Theoretisch kann Person B den Schlüssel ja verlieren, wodurch eine dritte Partei, die den Schlüssel zufällig findet, Zugriff auf die Truhe bekommt. Oder Person B hat keine ehrbaren Absichten und kopiert ihrerseits den Schlüssel und gibt ihn weiter, wodurch weitere unautorisierte Personen Zugriff auf die Truhe bekommen würden.

Bei asymmetrischer Kryptographie haben wir auch eine Truhe, allerdings mit einer anderen Art von Schloss. Das Schloss hat drei Positionen:

A: Verschlossen

B: Offen

C: Verschlossen

Zudem gibt es für das Schloss 2 unterschiedliche Schlüssel: einen privaten (Private key) und einen öffentlichen Schlüssel (Public key). Beide können das Schloss lediglich in eine Richtung bewegen. Der Private key dreht das Schloss von Position A über B nach C. Der Public key dreht es genau andersherum von C über B nach A. Der erste Schlüssel muss unbedingt geheim gehalten werden und ist nur für den Besitzer der Truhe gedacht. Person A behält den Schlüssel also für sich und achtet darauf, dass niemand anders ihn zu Gesicht bekommt. Der zweite Schlüssel kann hingegen öffentlich bekannt sein. Person A verteilt ihn also an Freunde,

schreibt ihn auf Visitenkarten und postet ihn an zahllosen Stellen im Internet.
Nehmen wir nun an Person B möchte Person A vertrauliche Informationen zukommen lassen und diese in der Truhe platzieren damit nur Person A Zugriff darauf hat. Sie legt die Informationen in die Truhe und nimmt den öffentlichen Schlüssel und dreht das Schloss von Position C auf Position A. Die Truhe ist nun verschlossen. Da die öffentlichen Schlüssel, die Person A verteilt hat, das Schloss nicht von A zu B drehen können ist niemand mehr in der Lage Zugriff auf die Informationen zu bekommen außer Person A. Diese kann mit ihrem privaten Schlüssel das Schloss von A zu B bewegen und erhält Zugriff auf die Daten.

Auf Kryptowährungen übertragen funktioniert dieses System ganz ähnlich. Bitcoin werden auf festgelegten Adressen im Netzwerk gelagert. Auf der Blockchain ist gespeichert welche Menge an Bitcoin auf welcher Adresse abgelegt ist. Die Adresse ist also so etwas wie ein Bankkonto. Der Public key ist nun vergleichbar mit der IBAN dieses Kontos. Er kann frei verteilt werden und jeder kann ihn nutzen um dem Besitzer des Kontos z.B. weitere Bitcoin auf diese Adresse zu senden. Der Private key ist vergleichbar mit der TAN-Nummer im Online Banking, mit der auf die Bitcoin zugegriffen werden kann und diese zum Beispiel versendet werden können. Person A muss also gut auf seinen Private key aufpassen und darf diesen unter keinen Umständen anderen zugänglich machen. Jede Person, die diesen Schlüssel kennt, hat Zugriff auf die Bitcoin und kann damit tun und lassen was sie möchte.

Mit der asymmetrischen Kryptographie lassen sich darüber hinaus noch andere interessante Dinge anstellen. Nehmen wir an Person A möchte nun Person B bestimmte vertrauliche Daten zukommen lassen. Sie legt diese wieder in die Truhe aus dem Beispiel und dreht mit ihrem privaten Schlüssel das Schloss von A nach C. Die Truhe ist nun verschlossen, allerdings kann sie von jedem, der den öffentlichen Schlüssel besitzt geöffnet werden, denn dieser schließt ja von C nach B und kann somit die Truhe wieder öffnen. Was zunächst unsinnig klingt ist allerdings äußerst genial, denn auf diese Art kann Person B jederzeit mit absoluter Sicherheit erkennen, wer ihr bestimmte Daten gesendet hat. Nehmen wir an Person B erhält die Truhe mit den Informationen per Post. Sie öffnet diese mit dem öffentlichen Schlüssel von Person A und weiß dadurch exakt, dass die Informationen garantiert von Person A stammen, denn nur der private Schlüssel von Person A kann das Schloss in Position C drehen.

Man spricht hierbei von einer digitalen Signatur. Dieses Prinzip wird im Bereich der Kryptowährungen benutzt um Coins oder Token zu transferieren. Der Besitzer von Bitcoin greift also mit seinem privaten Schlüssel auf die Coins auf einer bestimmten Adresse zu. Er erstellt eine Buchung und verschlüsselt diese mit dem öffentlichen Schlüssel eines Freundes, um die Bitcoin an diesen zu senden. Diese Buchung wird nun mit dem eigenen privaten Schlüssel signiert und an das Netzwerk gesendet. Anhand der Signatur kann nun exakt geprüft werden ob die Buchung von dem aktuellen Besitzer der Bitcoin initiiert wurde. Durch die Verschlüsselung mit dem öffentlichen Schlüssel des Empfängers ist zugleich sichergestellt, dass nur dieser mit einem privaten Schlüssel Zugriff auf die Bitcoin bekommt.

Was hier recht kompliziert klingt ist in der Praxis dank verschiedener Softwarelösungen relativ einfach. Die komplizierte Kryptographie geschieht für den Nutzer unsichtbar im Hintergrund.

Dieses prinzipiell sehr sichere System birgt allerdings eine große Gefahr: Geht der Private Key verloren, hat der Nutzer keine Kontrolle mehr über sein Geld. Denn wer den Private Key besitzt, kontrolliert auch die hiermit verknüpften Coins oder Token. Gelangen Hacker also z.B. an den Private Key ist das Geld zumeist verloren. Sollte der Key nicht sicher aufbewahrt werden und somit nicht mehr auffindbar sein, sind die Bitcoin ebenfalls weg.

3.4 Wallets

Kryptowährungen können in verschiedenen Arten von Wallets aufbewahrt werden. Hierbei handelt es sich letztendlich einfach nur um unterschiedliche Systeme um die privaten Schlüssel sicher vor dem Zugriff anderer zu speichern. Einer möglichst sicheren Aufbewahrung der privaten Schlüssel kommt bei Kryptowährungen größte Bedeutung zu, da der private Schlüssel, wie oben bereits beschrieben, keinesfalls in fremde Hände gelangen darf. Damit deine Kryptowährungen gleich von Beginn an sicher verwahrt werden, wollen wir uns im Folgenden einmal die verschiedenen Arten von Wallets ansehen, die verfügbar sind.

Ganz grundsätzlich sei immer empfohlen eins oder mehrere Backups der privaten Schlüssel anzufertigen und möglichst sicher zu lagern. Wer seine Schlüssel lediglich mit einer Methode sichert bzw. nur an einem Ort aufbewahrt läuft immer Gefahr, diese durch ungeplante Geschehnisse zu verlieren. So mag das Notieren der Schlüssel auf einem Stück Papier, das versteckt im Haus aufbewahrt wird, grundsätzlich sehr sicher sein. Ein Brand kann aber leicht dazu führen, dass die einzige Kopie zerstört wird und der Zugriff auf die Schlüssel für immer verloren ist. Es empfiehlt sich also die Schlüssel an mindestens 2 Orten und ggf. unter Nutzung unterschiedlicher Wallets zu speichern. Der Aufwand, der hier betrieben werden sollte richtet sich nach der Höhe des Vermögens, das in Kryptowährungen investiert ist. Bei kleineren Summen kann sich natürlich auch der Aufwand für die Sicherung in Grenzen halten. Bei größeren Summen sollte aber durchaus einige Zeit und Planung in die sichere Aufbewahrung der privaten Schlüssel investiert werden, da ein Verlust hier ungleich dramatischer wäre.

Paperwallets werden auch als physische Wallets bezeichnet und gelten als eine der sichersten Möglichkeiten für die Speicherung von Kryptowährungen. Es handelt sich hierbei lediglich um ein Stück Papier, auf dem der private Schlüssel aufgeschrieben wird. Sofern dies von Hand mit einem Stift geschieht ist diese Art der Speicherung bereits sehr sicher, da keine digitale Kopie auf einem Computer entsteht. Eine Gefahr durch Hacker besteht hier also nicht. Der Nutzer muss allerdings aufpassen, dass der Zettel mit den Schlüsseln nie verloren geht bzw. niemand Zugriff auf das Dokument erhält.

Mindwallets werden auch Brainwallets genannt, sie gehören prinzipiell ebenfalls zu den sicheren Methoden, da der Nutzer die Private Keys nirgendwo aufschreibt, sondern sich einfach merkt. Hier besteht allerdings das enorme Risiko, dass der Nutzer die Schlüssel über längere Zeiträume hinweg einfach vergisst. Es ist deshalb wenig empfehlenswert sich zur Speicherung der Schlüssel lediglich auf das eigene Gedächtnis zu verlassen

Softwallets werden vom Begriff Software Wallets abgeleitet. Ein Programm speichert hier den langen Schlüssel und der Zugang zu diesem ist zumeist über ein (deutlich einfacheres) Passwort des Nutzers geschützt. Die Software kann hierbei entweder auf einem klassischen PC oder als App auf dem Handy installiert werden, wodurch stets die Gefahr des Ausspähens über das Internet besteht. Hier besteht zum einen die Möglichkeit, dass die verwendete Software Sicherheitslücken aufweist, die von Hackern ggf. ausgenutzt werden können. Zum anderen kann das persönliche Passwort des Nutzers natürlich auch bei einer ansonsten sicheren Software von einem Angreifer ausgelesen werden.

Hardwallets sind Geräte, die sich über Bluetooth oder USB mit einem PC oder einem anderen Endgerät verbinden lassen. Zusätzlich ist das Gerät über eine PIN gesichert, die vom Nutzer eingegeben werden muss. Ein Zugriff auf die gespeicherten Kryptowährungen an einem Computer ist nur bei gleichzeitiger Nutzung der Hardwallet möglich. Dieses Verfahren ist sehr sicher gegen Angriffe durch Hacker, da der Angreifer physischen Zugriff auf die Hardwallet benötigt. Auch bei Verlust der Hardwallet kann mit dieser allein kaum Schaden angerichtet werden, da die enthaltenen Keys zusätzlich verschlüsselt sind und von Unbefugten nicht entschlüsselt oder ausgelesen werden können. Hardwallets gelten gemeinhin als relativ sicheres Verfahren und sollten jedem Nutzer eine Überlegung wert sein, sobald größere Summen investiert werden.

Hot & Cold Wallets

Grundsätzlich werden bei Wallets für Kryptowährungen Cold und Hot Wallets unterschieden. Erstere speichern Private Keys offline, dazu gehören beispielsweise die Paperwallet oder auch Hard Wallets. Auf Cold Wallets kann nicht über das Internet zugegriffen werden und sie bieten damit bereits ein sehr hohes Maß an Sicherheit, da mit Abstand die meisten Diebstähle von Kryptowährungen online erfolgen.

Hot Wallets sind dadurch definiert, dass ein Zugriff auf sie über das Internet möglich ist. Die zahlreichen Software-Wallets für Desktop-PC's oder mobile Geräte fallen in diese Kategorie. Sie speichern die privaten Schlüssel digital ab, so dass diese ggf. von Angreifern ausgelesen werden können, wenn diese sich Zugriff zum System verschaffen. Auch Anbieter von Kryptobörsen bieten ihren Kunden in der Regel Online-Wallets zur Nutzung an. Eine Aufbewahrung der gekauften Währungen ist hier relativ einfach möglich. Aus oben genannten Gründen sollte eine derartige Form der Aufbewahrung allerdings höchstens zeitweise für kleinere Summen in Betracht gezogen werden. Für die längerfristige Speicherung größerer Mengen an Kryptowährungen empfiehlt es sich unbedingt Cold Wallets zu verwenden.

Was ist ein Seed?

Wann immer eine elektronische Wallet mehrere Kryptowährungen verwaltet, wird ein Seed erstellt. Anstatt der beliebigen Kombination aus 51 Ziffern werden 12 oder 24 Wörter nach dem Zufallsprinzip aneinander gereiht. Das Wallet erzeugt den Seed selbständig und nutzt diese Verschlüsselung dann um für jede Transaktion der unterschiedlichen Kryptowährungen Private Keys zu generieren. Stark vereinfacht ist der Seed als Master-Passwort zu verstehen. Die Wallet zeigt dann mithilfe der Private Keys die Adresse auf der Blockchain an, auf der die eigenen Coins liegen. Fälschlicherweise denken viele Benutzer, die eigenen Coins würden in der Wallet liegen, dies ist jedoch nicht so. Die Wallet verweist vielmehr auf die Blockchain, wo der Kontostand eines jeden Nutzers gespeichert ist. Mit dem Seed verhält es sich ähnlich, wie mit dem direkten Speichern des privaten Schlüssels.

Geht er verloren ist kein Zugriff auf die Kryptowährungen mehr möglich. Daher muss der Seed, ebenso wie ein Private Key, durch Backup-Lösungen sicher verwahrt werden.

3.5 Konsensbildung

Wer sich mit Kryptowährungen und Blockchain beschäftigt, wird nicht um den Begriff der Konsensbildung herumkommen. Vereinfacht lässt sich die Konsensbildung als Übereinkunft der Meinungen aller Teilnehmer in einem Netzwerk verstehen. Im Fall von Kryptowährungen gilt es laufend einen Konsens über jede einzelne Transaktion herzustellen und den aktuellen Stand der Blockchain an alle beteiligten Rechner des Netzwerks zu senden, damit alle dieselbe Datenbasis nutzen. In einem zentralisierten System könnte dies von einer kontrollierenden Instanz vollzogen werden. Da es dies aber bei Kryptowährungen (in aller Regel) nicht gibt, braucht es ausgeklügelte Mechanismen um einen Konsens herzustellen, an dem sich alle orientieren können. Dies wird anhand verschiedener

Methoden erreicht, von denen aktuell in der Praxis Proof-of-Work, Proof-of-Stake und Delegated Proof-of-Stake relevant sind. Wir wollen uns deshalb im Folgenden auf diese drei Verfahren beschränken.

Proof-of-Work (PoW)

Bitcoin setzt seit seinem Bestehen auf den Proof-of-Work Mechanismus, um Konsens zu erzielen. Auch zahlreiche andere große Währungen, wie Ethereum, Litecoin und Monero nutzen diese Methode. Es ist der älteste Konsensmechanismus und löste seinerzeit das Problem des Double-Spending, eine der Grundvoraussetzungen für eine funktionsfähige Kryptowährung.

Die Methode mit der PoW arbeitet ist das Mining. Es herrscht auch bei Anhängern von Kryptowährungen noch immer oft die Annahme vor, dass Mining lediglich dem Verarbeiten der zahlreichen Transaktionen dient. Dies ist zwar nicht falsch, aber greift bei der Erklärung des Prozesses deutlich zu kurz. Der primäre Zweck des Mining ist vielmehr die Konsensbildung im Netzwerk, also die Validierung welche Transaktionen Gültigkeit haben und welche nicht und somit die Herstellung einer gemeinsamen Datenbasis, mit der das gesamte Netzwerk arbeitet. Miner betreiben spezielle leistungsfähige Computer, mit denen sie im Wettstreit mathematische Funktionen (sog. Hashfunktionen) berechnen. Die Miner bekommen hierbei sozusagen die Lösung eines mathematischen Rätsels in Form eines Hashs präsentiert und versuchen hieraus die mathematische Funktion zu errechnen, die zu dem vorgegebenen Hash führt. Dies geschieht allein durch Ausprobieren, also nach dem Prinzip von Versuch und Irrtum. Je mehr Rechenleistung ein Miner aufbringen kann, desto schneller wird die Lösung errechnet und desto wahrscheinlicher ist es, dass er die Aufgabe zuerst löst. Denn nur wer die Aufgabe als erstes korrekt berechnet, kann den nächsten Block für die Blockchain bereitstellen und erhält als Gegenleistung eine bestimmte Menge der jeweiligen Kryptowährung gutgeschrieben. Im Fall von Bitcoin werden z.B. aktuell 6,25 Bitcoin für jeden erfolgreich kreierten Block gutgeschrieben. Sobald ein Miner die korrekte Lösung gefunden hat wird diese an das gesamte Netzwerk gesendet um dort verifiziert zu werden. Da allen Teilnehmern des Netzwerks das richtige Ergebnis, in

Form eines Hashwertes bereits vorliegt können Sie die übersandte Lösung leicht überprüfen. Erst wenn das Ergebnis von anderen Minern bestätigt wird kann der freigegebene Block an die Blockchain angehängt werden und der Kreislauf beginnt von vorne. Ein Proof of Work ist somit schwer zu erbringen, aber leicht zu verifizieren!

Derzeit entsteht z.B. auf der Bitcoin-Blockchain ca. alle 10 Minuten ein neuer Block. Auch wenn das Mining primär der Sicherstellung der Netzwerkintegrität dient, so ist es doch gleichzeitig ein effizientes Verfahren um neue Bitcoins in das System zu bringen. Die maximal erzeugbare Menge Bitcoin wurde hierbei schon vom Erfinder Nakamoto auf 21 Millionen Coins limitiert. Diese werden konstant als Belohnung für geleistete Arbeit an die Miner ausgeschüttet. Die Anzahl der ausgeschütteten Coins reduziert sich hierbei alle 210.000 Blöcke um genau die Hälfte. Das letzte dieser als Halvening bekannten Events, fand am 11.05.2020 statt. An diesem Tag sank der Reward für die Miner von 12,5 Bitcoin auf lediglich 6,25 Bitcoin pro Block. Die Ausschüttungen begannen ursprünglich bei 50 Bitcoin pro Block und erreichen durch die regelmäßigen Halbierungen ca. im Jahr 2140 einen Wert von Null. Nach 2140 sind also alle Bitcoin, die jemals existieren werden im Umlauf und es werden keine neuen Bitcoin ausgegeben. Die Miner müssen ab diesem Punkt ausschließlich von den Transaktionsgebühren leben, die bei jeder Transaktion anfallen.

Der große Vorteil dieser Methode liegt in ihrer Zuverlässigkeit und der Tatsache, dass sie sich bereits seit vielen Jahren in der Praxis bewährt. PoW ist der älteste Konsensmechanismus und hat es erfolgreich geschafft den Bitcoin als stabiles und sicheres Netzwerk zu etablieren. Je mehr Miner sich am Prozess beteiligen, umso sicherer wird das Netzwerk gegenüber Manipulationen. Dies führt dazu, dass insbesondere etablierte Währungen wie Bitcoin äußerst sicher und zuverlässig funktionieren. Die hohe Anzahl an Minern führt allerdings auch zu einem relativ hohen Stromverbrauch und sorgt somit für einen signifikanten Nachteil des PoW-Verfahrens. Eine Studie aus dem Jahr 2019 hat den Energiebedarf für das Bitcoin-Netzwerk berechnet und gibt diesen mit ca. 46 Terawattstunden pro Jahr an, was in etwa 22 Megatonnen Kohlendioxid entspricht.[5] Damit verursacht der Bitcoin ähnlich hohe jährliche Emissionen, wie die Stadt Hamburg. Der CO2-Fußabdruck von Kryptowährungen ist also nicht zu unterschätzen und ein häufiger Kritikpunkt. Auch viele Anhänger der Kryptowährung sind der Auffassung, dass früher oder später ein Wechsel zu einem anderen Konsensverfahren erfolgen muss, da ein derartiger Energieverbrauch langfristig nicht zu verantworten ist.

Proof of Stake (PoS)

Ein Konsensmechanismus, der geeignet ist das Problem des hohen Stromverbrauchs der PoW-Verfahren zu lösen, ist Proof of Stake oder kurz PoS. Der Grundgedanke ist es hierbei die Stimmberechtigung im Netzwerk von der Rechenleistung zu entkoppeln. Um ein Netzwerk möglichst manipulationssicher zu machen ist es allerdings zwingend notwendig, dass jeder Person, die an der Konsensbildung teilnehmen möchte, gewisse Kosten entstehen. Je höher diese Kosten sind, desto

---

[5]https://www.scinexx.de/news/energie/wie-gross-ist-der-co2-fussabdruck-des-bitcoin

teurer und damit unattraktiver wird es für Angreifer das Netzwerk für eigene Zwecke zu manipulieren.
Im Fall des PoW entstehen diese Kosten maßgeblich durch den Stromverbrauch. PoS geht hier einen anderen Weg und macht eine Investition in die Coins des jeweiligen Netzwerks zur Voraussetzung. Die Coins werden vom Nutzer in einer Wallet „gestaked" und können somit nicht mehr versendet oder anderweitig genutzt werden. Die so „eingeschlossenen" Coins werden nun als Basis für die Validierung von Transaktionen genutzt. Jeder Nutzer, der sich am Staking beteiligt erhält Stimmrechte und kann mit einer gewissen Wahrscheinlichkeit die Validierung neuer Blöcke übernehmen. Die Wahrscheinlichkeit ist hierbei in der Regel umso höher, je mehr Coins für das Staking aufgewendet werden. Ähnlich wie bei PoW erhalten die Teilnehmer eine Ausschüttung für das Hinzufügen neuer Blöcke zur Blockchain. Die Sicherstellung der Integrität und Sicherheit im Netzwerk liegt somit in den Händen derjenigen, die das größte Interesse am Erfolg des Projekts haben, nämlich die Besitzer großer Mengen von Coins. Da gleichzeitig der größte Nachteil des PoW

behoben wird, nämlich der hohe Stromverbraucht, der bei PoS keine Rolle spielt, erfreut sich das Verfahren zunehmender Beliebtheit. Es ist zwar noch längst nicht so alt wie PoW und muss seine langfristige Zuverlässigkeit noch beweisen, allerdings gibt es mit Dash, Neo u.a. bereits diverse Projekte am Markt, die PoS erfolgreich implementiert haben und beweisen, dass es eine attraktive Alternative zu PoW darstellt. Mit Ethereum plant zudem eine der größten Kryptowährungen in der nahen Zukunft einen Umstieg von PoW zu PoS. Ein solcher Umstieg wäre z.B. auch bei Bitcoin denkbar, auch wenn es hierzu noch keine konkreten Pläne gibt. Das Problem des gigantischen Energieverbrauchs könnte also auf lange Sicht gelöst werden.

Für Investoren ist PoS zudem eine interessante Möglichkeit um ohne großen Aufwand ein passives Einkommen aus ihrem Investment zu beziehen. Hierfür ist es lediglich notwendig die gekauften Coins zu staken und ohne weiteren Aufwand von Zeit und Geld Ausschüttungen für die Teilnahme am Konsensverfahren zu erhalten. Bei Bitcoin ist dies aufgrund der starken Professionalisierung im Mining kaum möglich. Als privater Investor kann man kaum mit den professionellen Mining-Unternehmen und ihrer speziellen Hardware konkurrieren. PoS sorgt also auch dafür, dass die Einstiegshürde, um sich am Konsensverfahren zu beteiligen, deutlich niedriger liegt und gilt somit bei Anhängern als das „demokratischere“ Verfahren. Dieses Argument wird allerdings etwas abgeschwächt durch die Tatsache, dass bei vielen Währungen recht hohe Mindestmengen an Coins gehalten werden müssen, um überhaupt am Verfahren mitwirken zu können. Je nach Währung steht PoS also unter Umständen von vornherein nur Personen mit größeren Mengen Kapital offen, während kleinere Investoren das Nachsehen haben. Um dem Entgegenzuwirken gibt es bereits diverse andere Ansätze, die Stimmrechte z.B. auf Basis der Haltedauer eines Coins zu vergeben oder ähnliches. Die Zeit wird zeigen welche Varianten des PoS sich durchsetzen werden. Es ist in jedem Fall ein äußerst elegantes und spannendes Konsensverfahren, das langfristig deutlich an Bedeutung gewinnen dürfte.

Delegated Proof of Stake (DPoS)

Bereits der Name weist hier auf die Verwandtschaft zum PoS-Verfahren hin. Und in der Tat basiert das DPoS grundsätzlich auf denselben Prinzipien, weicht allerdings in einem kleinen aber wichtigen Detail ab. Anders als beim PoS erfolgt das Validieren der Transaktionen nicht durch die Besitzer der Token selbst, sondern durch gewählte Vertreter, an die diese Aufgabe delegiert wird. Der „demokratische" Faktor des PoS bleibt hierbei erhalten, da das Wählen von Delegierten konstant erfolgt und eine abgegebene Stimme jederzeit zurückgezogen und an jemand neuen vergeben werden kann. Dies sorgt für hohe Integrität und Pflichtbewusstsein bei den gewählten Vertretern, da sie bei fragwürdigem Verhalten stets Gefahr laufen, dass Ihnen die Unterstützung entzogen wird. Die Ausschüttungen, die für das Validieren von Transaktionen anfallen, werden in diesem Modell meist aufgeteilt. Der Delegierte erhält zwar zunächst diesen Betrag für die Erfüllung seiner Aufgabe, leitet jedoch in der Regel einen Großteil davon an seine Unterstützer weiter, die somit ebenfalls in Form von passivem Einkommen von diesem Verfahren profitieren.

Der große Vorteil dieser Variante des PoS ist die höhere Geschwindigkeit und Effizienz im Netzwerk. Die Skalierbarkeit ist bei DPoS meist besser und Transaktionen können schneller validiert werden. Als Nachteil ist zu nennen, dass das Verfahren derzeit noch recht neu ist und sich zunächst einmal in der Praxis beweisen muss. Aktuell setzen z.B. die Projekte EOS, Steemit und Ark auf DPoS.

3.6 Forking

Unter dem Begriff Forking wird bei Kryptowährungen die Abspaltung von einer bestehenden Blockchain beschrieben. Gemeint ist damit die Modifizierung des bestehenden Codes einer Blockchain, um damit eine neue Blockchain ins Leben zu rufen. Neben technischen Gründen können auch Unstimmigkeiten unter Nutzern und/oder Entwicklern zu einem Fork führen. Somit kann es vorkommen, dass alle Nutzer gemeinsam zur neuen Blockchain wechseln und die alte somit völlig an

Bedeutung verliert. Ebenso ist es möglich, dass nur ein Teil der Nutzer wechselt, während der Rest weiterhin die alte Blockchain nutzt. Somit gibt es dann künftig zwei Varianten der Währung, die sich unabhängig voneinander entwickeln.

Ein Fork kann dann notwendig sein, wenn die Eigenschaften der Blockchain angepasst werden sollen. Denn eine Blockchain, die einmal aktiv ist, kann in ihrer Beschaffenheit nicht mehr so ohne weiteres geändert werden.

Auf Deutsch lässt sich Fork mit „Gabelung" übersetzen und eins der prominentesten Beispiele hierfür ist Bitcoin Cash. Durch die relativ kleine Blockgröße der Bitcoin-Blockchain kam es zu immer größeren Problemen im Netzwerk, die zu einer langsamen Validierung von Transaktionen und steigenden Bearbeitungsgebühren führten. Eine Gruppe von Entwicklern wollte dieses Problem beheben und durch die Anpassung des Bitcoin-Quellcodes die Blockgröße verändern und damit schnellere und kostengünstigere Transaktionen möglich machen. Der Großteil der Bitcoin-Anhänger sah dieses Unterfangen jedoch kritisch und unterstützte es nicht.

Dies führte letztendlich zu einer Abspaltung von der Original-Blockchain, wodurch eine neue Blockchain mit anderen Eigeschalten entstand, die unter dem Namen Bitcoin Cash existiert. Einige User, denen das Konzept von Bitcoin Cash zusagte wechselten ebenfalls auf die neue Blockchain und unterstützten diese. Der Großteil der Nutzer blieb jedoch dem ursprünglichen Bitcoin treu und betrachtet Bitcoin Cash mit großer Skepsis.

Neben veränderten technischen Anforderungen an die Blockchain-Systeme kann ein Fork aber auch einfach aufgrund eines Software-Updates erfolgen. Der Grund muss also nicht immer in Differenzen unter den Netzwerk-Teilnehmern oder den Entwicklern liegen. Zu den häufigsten Gründen für einen Blockchain-Fork gehören demnach Sicherheitsupdates oder größere Veränderungen/Verbesserungen des Blockchain-Protokolls.

Soft Fork vs. Hard Fork

Während es sich beim Hard Fork um eine tiefgehende Veränderung des Quellcodes handelt, muss es bei einem Soft Fork nicht unbedingt zur kompletten Abspaltung einer Blockchain kommen. Auch ein Software-Update gilt daher als Soft Fork, wenn beispielsweise alle Teilnehmer im Netzwerk mit dem Update einverstanden sind. Ein Soft Fork kann bei mehrheitlicher Zustimmung im Netzwerk jederzeit durchgeführt werden. Bei Grundsatzfragen in der Community kann der Hard Fork notwendig sein. Mit der Bearbeitung und Modifizierung des Quellcodes geht allerdings auch immer ein hohes Innovationspotenzial einher. Das wiederum bringt viele neue Chancen und Geschäftsmodelle mit sich. Ein Hard Fork kann langfristig also durchaus sehr positive Auswirkungen haben.

Ein Hard Fork hat für Investoren übrigens manchmal sehr positive Folgen, da sie statt einem Coin nun plötzlich zwei im Besitz haben. Alle Personen, die bereits vor dem Fork Anteile einer Währung halten, haben nach dem Fork eine ebenso große Anzahl an Coins auf der neuen Blockchain. Wer im oben genannten Beispiel also zum Beispiel 10 Bitcoin vor dem Fork besessen hat, hatte diese nach dem Fork noch immer. Zusätzlich gewährten die privaten Schlüssel allerdings auch Zugriff auf die Bitcoin Cash auf der neuen Blockchain, die auf derselben

Adresse lagen. Allerdings muss man sagen, dass sich nur wenige Hard Forks für die Anleger wirklich rechnen. Im Fall des Bitcoin Cash war dies der Fall, da der neue Coin ebenfalls eine signifikante Nutzerzahl hatte und somit der Wert auf einem relativ hohen Niveau blieb. In der Mehrzahl der Fälle interessiert sich jedoch niemand für die neu geschaffenen Coins, weshalb diese nach dem Fork kaum einen nennenswerten Wert aufweisen. Der Nutzer hat dann zwar Zugriff auf die neue Währung, profitiert aber aufgrund des geringen Wertes nicht wirklich hiervon.
Neben dem oben bereits erwähnten Hard Fork, der Bitcoin Cash hervorbrachte, seien im Folgenden noch zwei weitere Beispiele für Hard Forks von Kryptowährungen erwähnt, die für viel Aufmerksamkeit in der Szene geführt haben.

Bitcoin – Litecoin: Durch Abspaltung und Veränderung des Bitcoin Protokolls entstand im Oktober 2011 der Litecoin. Durchgeführt wurde hier ein Hard Fork, der auf die Unzufriedenheit eines kleinen Teils der Bitcoin-Community zurückzuführen ist. Grund dafür waren vor allem die langen Transaktionszeiten im Bitcoin-Netzwerk. Bei Litecoin wurden diese drastisch verkürzt und benötigen nur rund ¼ der Zeit, die im Bitcoin-Netzwerk notwendig war. Auch der Litecoin verwendet den Proof of Work als Konsensmechanismus. Allerdings setzte man hier zur Verschlüsselung auf den recht neuen Algorithmus Scrypt. Der Litecoin bleibt zwar im Wert deutlich hinter Bitcoin zurück, hat es aber trotzdem geschafft eine kleine aber treue Anhängerschaft zu begeistern. Zudem hat der Coin einige sehr gute und ambitionierte Entwickler hinter sich, die das Projekt stetig vorantreiben. Ob sich der Litecoin allerdings aufgrund der wenigen Alleinstellungsmerkmale langfristig als Währung halten kann muss sich noch zeigen.

Ethereum – Ethereum Classic: Im Fall von Ethereum wurde ein Fork sogar schon einmal aufgrund eines Hacker-Angriffs vorgenommen. Nachdem Hacker 2016 knapp 50 Millionen US-Doller in Ethereum Coins gestohlen hatten und man keine Möglichkeit sah, diese an die rechtmäßigen Besitzer zurückzugeben, entschied sich die Ethereum Foundation einen Hard Fork durchzuführen. Am 20. Juli 2016 wurde über eine Abspaltung eine weitere Ethereum Blockchain generiert, auf welcher der Diebstahl nicht stattgefunden hatte. Mit dieser wurde dann einfach weitergearbeitet, so dass die rechtmäßigen Besitzer automatisch wieder im Besitz ihrer Coins waren. Die alte Blockchain existiert seitdem unter dem Namen Ethereum Classic weiter. Da allerdings der überwiegende Teil der Entwickler und Miner ebenfalls zum neuen Ethereum gewechselt sind verliert Ethereum Classic immer mehr an Bedeutung.

4 Die wichtigsten Kryptowährungen im Überblick

Im folgenden Kapitel wollen wir uns einige der wichtigsten Kryptowährungen etwas genauer ansehen. Wir betrachten Funktion und Ziele der Währungen sowie die Entstehung und gehen auf Besonderheiten ein.

4.1 Bitcoin (BTC)

Der Bitcoin entstand am 03.Januar 2009 durch Schöpfung des ersten Bitcoin und dem Block 0, der auch als Genesis-Block bezeichnet wird. Bitcoin ist die erste rein digitale Währung, wird derzeit allerdings noch nicht als offizielles Zahlungsmittel anerkannt. Wohl aber hat die Bundesregierung diverse Regularien erlassen, die den Handel und Besitz von Bitcoin regeln und auch steuerliche Fragen klären. Das dezentrale Netzwerk funktioniert ohne Einfluss von Regulierungsbehörden, Banken oder Staaten. Besitzer können ohne Kontrolle einer zentralen Stelle Bitcoin senden und empfangen.

Die Währung basiert auf einem dezentralen Hauptbuch (Distributed-Ledger) in Form einer Blockchain. Dort wird jede einzelne Transaktion unveränderlich gespeichert. Absender und Empfänger sind hierbei vollkommen anonym, die Buchungen als solche sind jedoch völlig transparent, da die Zahlungsströme von jedem einsehbar auf der Blockchain gespeichert werden.

Eigenschaften:

- Dezentrales digitales Geld
- Stärkste Verbreitung aller Kryptowährungen
- Anonymität bei Überweisungen
- Konsensverfahren: Proof of Work
- Niedrige Transaktionsgebühren und schnelle Transaktionen unabhängig vom Aufenthaltsort
- Bitcoin gilt als Wertspeicher und wird auch als digitales Gold bezeichnet
- Schutz vor Inflation durch Mengenbeschränkung auf 21 Millionen Bitcoin
- Extrem volatiler Kurs steht Massenadaption noch im Weg
- Noch geringe Anzahl von öffentlichen Akzeptanzstellen

4.2 Litecoin (LTC)

Entstanden ist der Litecoin durch einen Hardfork der Bitcoin-Blockchain und wird in Anlehnung an Bitcoin auch als digitales Silber bezeichnet. Der Quellcode wurde erstmalig am 07. Oktober 2011 auf Github von Charlie Lee veröffentlicht. Die Funktionsweise und Architektur sind sehr ähnlich zum Bitcoin, aber unterscheiden sich in einigen wesentlichen Punkten. Der Coin zeichnet sich vor allem durch eine 4mal schnellere Block-Generierung aus, wodurch die Transaktionsgeschwindigkeit erheblich steigt und auch mehr Transaktionen verarbeitet werden können, als bei Bitcoin. Durch die Integration eines veränderten Hash-Algorithmus namens Scrypt kann eine deutliche Reduktion der Transaktionsgebühren erreicht werden, wodurch das Versenden von Litecoin extrem günstig ist. Litecoin weist zudem eine Obergrenze von 84 Millionen Coins auf, was etwa der vierfachen Menge des Bitcoin entspricht

Eigenschaften:

- Ähnliche Architektur wie Bitcoin
- Schnellere Blockgenerierung und dadurch kürzere Transaktionszeiten als beim Bitcoin
- Sehr geringe Transaktionsgebühren
- Höchstmenge: 84 Millionen Litecoin
- Konsensverfahren: Proof of Work
- Mining Algorithmus Scrypt

4.3 Ether (ETH)

Die nach Marktkapitalisierung zweitgrößte Kryptowährung wurde im Juli 2015 veröffentlicht. Vorangegangen waren mehrere Jahre intensiver Entwicklungen. Im Unterschied zu Bitcoin kann die Ethereum-Blockchain nicht nur eine Vielzahl von Kryptowährungen verwalten, sondern auch Smart Contracts abbilden und ausführen. Die Ethereum-Währung heißt Ether, wird aber umgangssprachlich häufig mit dem Begriff Ethereum gleichgesetzt. Ether werden primär eingesetzt um Transaktionen innerhalb des Netzwerks durchzuführen.

Ethereum bietet die Möglichkeit der Programmierung dezentraler Anwendungen, auch Dapps genannt. Damit lassen sich u.a. digitale Verträge erschaffen, als auch digitale Vermögenswerte verwalten. Die Ethereum-Foundation ist die größte und aktivste Blockchain-Community der Welt. Das Projekt wird nicht als Unternehmen betrieben, sondern in Form einer Stiftung.

Eigenschaften:

- Zweitgrößte Kryptowährung nach Marktkapitalisierung
- Möglichkeit Anwendungen auf der Blockchain auszuführen
- Konsensverfahren Proof of Work, aber Umstieg auf Proof of Stake ist geplant
- Verwaltung digitaler Verträge (Smart Contracts)
- Sehr große und aktive Entwickler-Community
- Es existiert keine Höchstmenge ausgegebener Coins, daher besteht die Gefahr der Inflation

4.4 Dash (DASH)

Eva Duffield veröffentlichte im Januar 2014 die Kryptowährung Dash (Englisch für Digital Cash), die sich seitdem zu einer etablierten digitalen Währung entwickeln konnte. In Anlehnung an die hohe Anonymität des Coins war ursprünglich der Name Darkcoin geplant. Das Ziel der Entwickler ist es mit Dash eine Währung zu entwickeln, die irgendwann problemlos im Alltag als unkompliziertes Zahlungsmittel verwendet werden kann. Transaktionen werden sehr schnell ausgeführt und sind mit geringen Kosten verbunden. Optionale Geschwindigkeits- und Datenschutzfunktionen sowie eine einzigartige Netzwerkarchitektur zeichnen Dash aus. Als Konsensverfahren dient Proof of Work mit dem Hash-Algorithmus X11, der energieeffizienter arbeitet als der SHA-256 Algorithmus bei Bitcoin. Obwohl Dash PoW verwendet bietet es die Möglichkeit Coins zu staken und einen Teil der Gewinne aus dem Mining-Prozess als Ausschüttung zu erhalten.

Ein besonderes Alleinstellungsmarkmal ist der Fokus auf die Privatsphäre der Nutzer. Zwar ist auch bei Dash die

Blockchain öffentlich einsehbar, durch Verschlüsselungsverfahren ist allerdings auch nachträglich keine Zuordnung von Sender und Empfänger mehr möglich. Innerhalb von nur 2 Sekunden sind Transaktionen bestätigt und Masternodes können Verbesserungen der Entwickler schnell umsetzen. Statt der Einzeltransaktionen gibt es auf der Dash-Blockchain zusammengefasste Zahlungsströme, was den Grad der Anonymität erhöht.

Eigenschaften:

- Hoher Grad an Anonymität
- Masternodes bieten hohen Sicherheitsstandards
- Gilt als sicher vor sogenannten Sybil-Attacken
- Sehr hohe Transaktionsgeschwindigkeit
- Staking der Coins bietet die Möglichkeit eines passiven Einkommensstroms
- Bisher noch mangelhafte Adaption mit wenigen Akzeptanzstellen
- Die starke Volatilität steht einer breiten Adaption als Zahlungsmittel derzeit noch im Weg

4.5 Ripple (XRP)

2012 wurde die Kryptowährung Ripple ins Leben gerufen. Das Open-Source-Projekt ist ein Zahlungsnetzwerk von Ripple Labs. Die zugrundeliegende Technologie ist wie bei Bitcoin und Ethereum die Blockchain, allerdings ist die Zielsetzung des Projekts eine ganz andere. Ripple richtet sich in erster Linie an Banken und möchte dort als eine Art Vermittler fungieren. Mit dem Coin von Ripple sollen Banken ihre Zahlungen zwischen unterschiedlichen Währungen in Echtzeit abwickeln. Auf dem Ripple-Netzwerk können die Nutzer Währungen neutral tauschen. Ripple ist also Coin und Netzwerk zugleich und der Begriff Ripple dient in der Allgemeinheit als Bezeichnung für die Währung, das Netzwerk und das Unternehmen. Voraussichtlich werden insgesamt 100 Milliarden Coins verfügbar sein, doch der Großteil davon wird vom Unternehmen selbst gehalten. Erklärtes Ziel von Ripple ist die Verknüpfung von globalen Finanzsystemen. Gemeinsam will man diese dann im eigenen Netzwerk zusammenführen und den Austausch verbessern. Der Ledger ist ein Open-Source-Projekt und wird vom Unternehmen Ripple lediglich verwaltet, aber nicht kontrolliert. Kritiker bemängeln häufig die fehlende Transparenz hinsichtlich der vollständigen Dezentralisierung. Hierbei dient der Coin als Bankenwährung mit vordefinierten Regeln und Standards für einen grenzüberschreitenden Zahlungsverkehr. Das währungsneutrale Tauschnetzwerk erlaubt auch die Nutzung anderer virtueller Währungen wie beispielsweise Ethereum, Bitcoin oder IOTA. Ziel des Projektes um das Peer-to-Peer Zahlungsverfahren und den Devisenmarkt ist ein neutrales Tauschnetzwerk, bei dem die Transaktionen schnell und kostengünstig ablaufen können.

Eigenschaften:

- Transparenz durch öffentlich einsehbares Register, das alle 2-5 Minuten aktualisiert wird
- Ein Blockchain-Projekt mit Ausrichtung auf Banken und den Finanzsektor
- Ermöglicht die Abbildung verschiedenster Währungen

- Bereits über 100 Banken und Finanzinstitute als Kunden
- Schnelle und kostengünstige Transaktionen
- Kommt ohne Mining aus
- Mangelnde Dezentralisierung wird häufig kritisiert

4.6 Monero (XMR)

Monero erblickte im Jahr 2014 das Licht der Welt und zielt auf die Schaffung einer möglichst anonymen und vertraulichen Währung ab. Rund 240 Entwickler arbeiten regelmäßig an dem Open-Source Projekt, wovon ca. 30 den Kern der Entwicklergruppe bilden. Ähnlich wie Bitcoin arbeitet Monero mit dem PoW als Konsensusverfahren. Im Gegensatz zu Bitcoin wird für Monero allerdings nicht zwingend spezielle Hardware benötigt, sondern Mining kann prinzipiell auch mit normalen Desktop-Rechnern betrieben werden. Neue Blöcke werden hier alle 2 Minuten erstellt, also deutlich schneller als bei Bitcoin.

Der größte Unterschied liegt allerdings in den Privacy-Funktionen der Währung, die den Nutzern größtmögliche Anonymität ermöglichen. Unter anderem werden Transaktionen bei Monero zu Gruppen zusammengefasst. Einzelne Transaktionen können dadurch später nur noch Gruppen von Nutzern zugeordnet werden und nicht mehr einzelnen Individuen. Es ist also später nicht möglich nachzuvollziehen wer an wen Geld gesendet hat. Ergänzend hierzu wird auch der Betrag einer Transaktion versteckt. Das Ergebnis ist ein vollkommen anonymes und intransparentes Bezahlsystem, bei dem Zahlungsströme keinen individuellen Nutzern zugeordnet werden können. Mit einer Marktkapitalisierung im Jahr 2020 von rund 1,6 Milliarden US-Dollar gehört Monero zu den größeren Altcoins und hat mit dem Fokus auf Anonymität ein attraktives Alleinstellungsmerkmal gegenüber Bitcoin. Der Coin hat sich aus diesem Grund allerdings auch als beliebtes Zahlungsmittel für illegale Dienstleistungen im Darknet etabliert, was Monero auch eine gewisse Kritik eingebracht hat.

Eigenschaften:

- Hohe Privatsphäre und Anonymität
- Relativ hohe Akzeptanz und Verbreitung für einen Altcoin
- Kurze Transaktionszeiten
- Währung ohne festes Limit, deshalb Inflationsgefahr
- Beliebtes Zahlungsmittel im Darknet

4.7 IOTA (MIOTA)

Das Projekt IOTA wird von der IOTA Foundation entwickelt und soll der Zahlungsstandard für das Internet der Dinge (IoT) werden. Im Fokus der Entwicklung stehen die Industrie 4.0 sowie die Maschinenökonomie. IOTA hat sich zum Ziel gesetzt die Wirtschaft der Zukunft durch das Vernetzen autonomer Maschinen zu fördern. Die Währung soll hierbei als Zahlungsmittel zwischen autonomen Geräten dienen und gebührenfreie Mikrotransaktionen möglich machen. IOTA setzt hierbei im Gegensatz zu den meisten anderen Projekten nicht auf eine Blockchain, sondern auf den sogenannten Tangle. Genau dies ist auch das prägnanteste Alleinstellungsmerkmal der Kryptowährung. Präsentiert wurde der Coin 2015 von David Sønstebø, Sergey Ivancheglo, Dominik Schiener und Serguei Popov. Das Open-Source Projekt soll das Internet der Dinge vorantreiben und möchte eine Infrastruktur schaffen, mit deren Hilfe sich IoT-Geräte autonom vernetzen und Daten sowie Werte austauschen können.

Der dezentrale Ledger läuft, im Gegensatz zu anderen Währungen, nicht auf einer Blockchain, sondern auf dem sogenannten Tangle. Während bei einer Blockchain die Daten in aufeinanderfolgenden Blöcken gespeichert werden haben wir es beim Tangle eher mit einem Netz aus Transaktionen zu tun, die alle miteinander verknüpft sind. Die Bezeichnung für dieses Konzept ist DAG oder auch „Directed Acyclic Graph". Einer der größten Vorteile dieser Technologie sind vollkommen kostenlose Transaktionen.

Auch auf das Mining wird im Tangle von IOTA verzichtet. Vielmehr validieren die einzelnen Teilnehmer ihre Transaktionen gegenseitig. So muss jeder

Teilnehmer des Netzwerks für das Versenden einer Transaktion 2 weitere Transaktionen anderer Nutzer bestätigen. Dies geschieht kostenfrei und benötigt nur geringe Rechenleistung.

Die Stiftung selbst beschreibt ihr Projekt als das fehlende Glied zwischen IoT und Web 3.0. Mit der sicheren, skalierbaren und gebührenfreien Plattform soll es Menschen wie Maschinen möglich sein, am stark wachsenden Internet der Dinge teilzunehmen.

Eigenschaften:

- Aktuell konkurrenzlose Technologie
- Hohe Skalierbarkeit und kostenfreie Transaktionen
- Kommt ohne Mining aus
- Extrem schnelle Transaktionszeiten
- Offline Transaktionen möglich
- Durch IOTA Foundation stark zentralisiert und gesteuert
- Enorm ambitioniertes Projekt mit großen Zielen, aber derzeit noch starker Ungewissheit ob diese erreichbar sind

5 Investieren in Kryptowährungen

Im folgenden Abschnitt wollen wir uns mit den Möglichkeiten der Investition in Kryptowährungen näher beschäftigen. Wir kommen also endlich zum Grund warum du dieses Buch aller Voraussicht nach gekauft hast, nämlich um die Frage zu klären, ob sich ein Investment in Kryptowährungen lohnt und was es dabei zu beachten gilt. Die erste Frage kann kurz und knapp mit einem definitiven Ja beantwortet werden. Auch in der Zukunft werden Investitionen in Kryptowährungen aller Voraussicht nach stolze Renditen erwirtschaften und Investoren viele Chancen bieten. Dies kommt aber zu dem Preis einer hohen Volatilität und dem Risiko das eingesetzte Kapital im Extremfall komplett zu verlieren. Viel wichtiger als die Frage ob Kryptowährungen zukünftig hohe Renditen abwerfen ist die Frage wie man in den Genuss dieser Renditen kommt und gleichzeitig das Risiko möglichst gering hält. Es gilt also möglichst smart mit einer klaren Strategie zu investieren, was glücklicherweise auch gar nicht so schwierig ist. Ähnlich dem Aktienmarkt ist nämlich auch im Bereich der Kryptowährungen die unspektakulärste Form des

Investierens, nämlich das klassische Buy-and-Hold-Investment. Wie genau solch ein Investment aussehen kann und was es dabei zu beachten gibt wollen wir auf den folgenden Seiten betrachten.

5.1 Chancen und Risiken des Investments in Kryptowährungen

Kryptowährungen zählen zu den Hochrisikoinvestments. Die enormen Kursschwankungen stellen insbesondere für unbedachte Investoren eine Gefahr dar und können zu großen Verlusten führen. Gleichzeitig eröffnet die hohe Volatilität allerdings auch die Möglichkeit sehr hohe Gewinne einzufahren. Wer sich die Kursverläufe von Bitcoin und anderen Kryptowährungen über einen Zeitraum von mehreren Jahren anschaut wird feststellen, dass zahlreiche Währungen immer wieder gigantische Wertzuwächse erfahren haben. Wer als Anleger zum richtigen Zeitpunkt investiert hat, konnte mit Kryptowährungen sein Geld innerhalb weniger Monate oder Jahre vervielfachen. Und nicht wenige, die bereits früh in Kryptowährungen investiert haben, sind hierdurch zu Millionären geworden.

Auch heute noch bieten Investitionen in Kryptowährungen enorme Chancen für Anleger, die bereit sind ein gewisses Risiko einzugehen. Da bei Kryptowährungen aber auch durchaus die Gefahr besteht, dass diese vollständig ihren Wert verlieren, sollten Anleger immer nur überschaubare Summen in diese Anlageklasse investieren. Je nach persönlicher Risikobereitschaft sollten dies zwischen 5 und 20% des gesamten Anlagekapitals sein. Größere Summen sollten in einer Hochrisikoanlage wie Kryptowährungen möglichst nicht investiert werden.

Gerade Anfänger sollten sich zu Beginn auf die großen Kryptowährungen beschränken, von denen einige der Wichtigsten in diesem Buch vorgestellt wurden. Diese Währungen weisen bereits eine relativ hohe Verbreitung auf, so dass die Wahrscheinlichkeit relativ gering ist, dass die Nachfrage hier unerwartet stark einbrechen wird. Insbesondere bei Einsteigern ist der Gedanke verbreitet mit ihrem Kapital bei kleinen und unbekannteren Projekten einzusteigen, in der Hoffnung den „nächsten Bitcoin“ zu erwischen und in kurzer Zeit zum Millionär zu werden. Von einer solchen Strategie kann jedoch nur abgeraten werden. Die Erfahrung der letzten Jahre zeigt sehr deutlich, dass von allen Projekten annähernd 99% bereits nach wenigen Jahren im Sand verlaufen und die Anleger oft auf großen Verlusten sitzenbleiben. Bei Währungen wie Bitcoin oder Ethereum, die bereits etabliert sind und ihren Nutzen unter Beweis gestellt haben, wird solch eine Entwicklung nicht so schnell eintreten und die Wahrscheinlichkeit, dass diese Coins die zahlreichen kleinen Projekte auf lange Sicht outperformen werden ist enorm groß. Eine Vertausendfachung des Kurses, wie in den Anfangszeiten des Bitcoin, wird es hier zwar nicht mehr geben. Dennoch sind hier bei überschaubarem Risiko noch immer Renditen möglich, die jede Aktien- oder Immobilienanlage locker in den Schatten stellen.

Im Folgenden wollen wir uns anschauen welche Exchanges für den Kauf von Krypowährungen in Frage kommen und wie der Erwerb abläuft. Im Kapitel 5.4

kommen wir dann schließlich konkret zu den verschiedenen Wegen, wie mit Kryptowährungen Geld verdient werden kann.

5.2 Kauf und Verkauf über Exchanges

Der Kauf von Kryptowährungen erfolgt online über spezialisierte Börsen bzw. Exchanges. Diese funktionieren ganz ähnlich wie Handelsplätze für Aktien, die dir vielleicht schon bekannt sind. Die Exchanges haben die Rolle eines Vermittlers und stellen einen Marktplatz zur Verfügung, auf dem Käufer und Verkäufer zusammengebracht werden. An jeder durchgeführten Transaktion verdienen die Börsen einen geringen Prozentsatz für die Bereitstellung ihrer Dienstleistungen. Um erstmalig Kryptowährungen kaufen zu können musst du zunächst dein Geld auf einem Verrechnungskonto der Börse einzahlen. Bei den meisten Börsen ist dies ganz unkompliziert per Banküberweisung möglich. Der deutsche Anbieter Bitcoin.de bietet seinen Kunden durch eine Kooperation mit der Fidor Bank sogar einen noch bequemeren Weg.

Kunden, die ihren Account mit einem Girokonto der Fidor Bank verknüpfen, müssen kein Geld an die Börse überweisen, sondern können dies bequem direkt vom Konto einziehen lassen.

Liegt das Geld schließlich auf der Börse bereit, kann dieses zum gerade aktuellen Kurs gegen Kryptowährungen getauscht werden. Auf jeder Börse wirst du ein Orderbuch finden, wo die gewünschten Kauf- und Verkaufskurse anderer Teilnehmer abgelesen werden können. Hier werden Angebot und Nachfrage zusammengebracht und bilden den Kurs, zu dem du aktuell einkaufen kannst. In aller Regel wird hierbei der Preis für eine Einheit der gewünschten Kryptowährung angezeigt, also z.B. der Preis für ein Bitcoin oder ein Ether.

Du kannst nun eine Kauforder erstellen und gibst hierfür deinen gewünschten Kaufkurs an. Wenn du den aktuellen Verkaufspreis wählst, der dir auf der Börse angezeigt wird, ist es höchstwahrscheinlich, dass sich ein anderer Teilnehmer an der Börse findet, der bereit ist zu diesem Preis zu verkaufen. Wenn dir der aktuelle Preis zu hoch erscheint kannst du natürlich auch einfach eine

Order mit einem niedrigeren Kaufpreis erstellen und abwarten. Sobald der Preis auf die angegebene Summe fällt und ein Verkäufer bereit ist zu diesem Preis zu verkaufen wird dein Auftrag automatisch ausgeführt und die Kryptowährung gekauft.

Da sich gerade im Bereich der Kryptowährungen im Internet auch viele schwarze Schafe tummeln ist es wichtig eine seriöse Börse zu nutzen, bei der Ein- und Auszahlungen sowie der Handel reibungslos funktionieren. Im Folgenden sind zur Orientierung einige seriöse und verlässliche Anbieter aufgelistet, die bedenkenlos genutzt werden können. Alle Börsen sind bereits seit Jahren am Markt und haben sich einen guten Ruf in der Branche erworben.

Bitcoin.de

Der einzige deutsche Anbieter bietet eine Kooperation mit der Fidor Bank, wodurch der Kauf- und Verkauf von Kryptowährungen besonders einfach wird. Hier können derzeit ausschließlich Bitcoin, Ethereum und einige der jüngeren Ableger von Bitcoin gehandelt werden. Die Webseite wirkt etwas altmodisch, ist aber sehr übersichtlich und funktional. Für alle, die Hemmungen haben größere Geldsummen an einen Anbieter im Ausland zu senden und bei Problemen einen deutschen Ansprechpartner möchten ist Bitcoin.de die erste Wahl.

Binance.com

Binance ist die jüngste Börse in dieser Aufstellung, aber hat sich schnell zu einer der beliebtesten Adressen für den Handel mit Kryptowährungen entwickelt. Nach der Gründung im Jahr 2017 wuchs der Anbieter rasend schnell und wies bereits ein Jahr später das größte Handelsvolumen aller Börsen weltweit auf. Die Börse wurde ursprünglich in China gegründet, aber verlagerte ihren Firmensitz in 2018 nach Malta.

Binance bietet ein gigantisches Angebot verschiedenster Kryptowährungen. Fast alle großen Coins können hier gehandelt werden. Die Webseite ist modern und übersichtlich gestaltet. Nach einer kurzen Zeit der Eingewöhnung ist die Bedienung sehr intuitiv.

Kraken.com

Kraken ist eine Börse mit Sitz in San Francisco, die bereits im Jahr 2011 gegründet wurde. Der Anbieter ist bekannt für seine hohen Sicherheitsstandards und im Gegensatz zu vielen anderen Börsen, gab es hier bis heute keinen Diebstahl von Kryptowährungen im größeren Maßstab.

Die Börse bietet die meisten größeren Kryptowährungen an und dürfte in dieser Hinsicht für die Ansprüche der meisten Nutzer ausreichen. Die Auswahl ist insgesamt allerdings deutlich kleiner als bei Binance.

Auch wenn alle oben aufgeführten Börsen als sehr sicher gelten, ist es beim Handeln von Kryptowährungen natürlich essentiell auch als Nutzer einige grundlegende Verhaltensregeln zu beachten. So sollte natürlich ein möglichst sicheres Passwort gewählt werden und unbedingt die Zwei-Faktor-Authentifizierung aktiviert werden. Zudem sollten gekaufte Coins möglichst nur kurzfristig in einer Wallet der Exchange liegen. Börsen sind aufgrund der großen Menge an Werten, die dort üblicherweise lagern, ein beliebtes Ziel von Hackern. So kam es in der Geschichte der Kryptowährungen schon häufiger zu erfolgreichen Angriffen auf Börsen, wo in einigen Fällen große Mengen an Kryptowährungen gestohlen werden konnten. Auch wenn einige Börsen für solche Fälle inzwischen Sicherungsfonds geschaffen haben, um die Nutzer zu entschädigen, sollte niemand dieses Risiko eingehen. Es empfiehlt sich deshalb sämtliche Kryptowährungen nach dem Kauf schnellstmöglich auf eine eigene Wallet zu senden. Bei einer entsprechend sicheren Aufbewahrung des zugehörigen Private Key sind die Coins dort deutlich sicherer als auf jeder Börse. Welche Optionen es hier gibt ist in Kapitel 3.4 detailliert beschrieben.

5.3 Möglichkeiten mit Kryptowährungen Geld zu verdienen

5.3.1 Kursgewinne

Das Abschöpfen von Kursgewinnen ist die wohl verbreitetste und mit Sicherheit einfachste Form mit der Investition in Kryptowährungen Geld zu verdienen. Hierbei werden einfach mit Euro, Dollar oder einer anderen Fiatwährung Kryptowährungen gekauft und wieder verkauft wenn die Kurse gestiegen sind. Aufgrund der beträchtlichen Schwankungen im Preis können hier zum Teil immense Renditen erzielt werden, die im Optimalfall jede andere Anlageklasse alt aussehen lassen. Die Strategie des Buy and hold, die auch aus der Aktienanlage bekannt ist, erfreut sich in der Krypto-Community großer Beliebtheit und hat hier sogar seine eigene Bezeichnung, die aus einem Insider-Scherz hervorgeht. Besitzer von Kryptowährungen, die diese langfristig halten bezeichnen sich gerne als „Hodler", ein Begriff, der auf einen Forenpost eines betrunkenen Bitcoin-Anlegers aus dem Jahr 2013 zurückgeht. Mitten in einem dramatischen Crash des Bitcoin schrieb der Mann einen leicht frustrierten und mit zahlreichen Rechtschreibfehlern versehenen Post mit der Überschrift „I am Hodling", in dem er die Welt wissen ließ, dass er an seinen Bitcoin festhalten werde und auf keinen Fall verkaufen will, egal was mit dem Preis passiert. Der Post ging schnell viral und der Begriff des „Hodlers" etablierte sich schnell als Synonym für alle Bitcoin-Anleger, die aus Überzeugung langfristig an ihren Coins festhalten und sich nicht durch das tägliche Auf und Ab des Marktes irritieren lassen.

In der Tat zeigt die Erfahrung, dass das langfristige Halten von Bitcoin in der Regel die sinnvollste Form des Investments ist. Aufgrund der starken Kursschwankungen erliegen viele Einsteiger zunächst der Verlockung ihre Währungen bei hohen Kursen zu verkaufen und bei niedrigen Kursen wieder einzusteigen und Geld mit dem Handeln von Kryptowährungen zu verdienen. Auch wenn sich diese Behauptung nicht mit Zahlen belegen lässt ist es unter den alten Hasen der Szene doch ein bekanntes Phänomen, dass diese Strategie zumeist erfolglos ist. Zu unberechenbar sind die Schwankungen des Marktes und zu undiszipliniert sind die meisten Anleger, als das sie mit dem Handel von Kryptowährungen langfristig Erfolg haben könnten.

Insofern kann von einem solchen Ansatz nur abgeraten werden. Es empfiehlt sich vielmehr seine Anlage in Kryptowährungen als Buy and hold zu betrachten und einen oder mehrere etablierte Coins über einen längeren Zeitraum zu halten. Über mehrere Jahre wird der Anleger zwar mit großer Wahrscheinlichkeit auch beträchtliche Kurseinbrüche erleben. Die Chancen stehen allerdings sehr gut, dass er ebenfalls neue Höchststände sehen wird, die dann ggf. zum Verkauf genutzt werden können. Hierbei sollte aber unbedingt nur in große und etablierte Währungen investiert werden, da das Risiko bei kleinen und unbekannteren Projekten immens groß ist, dass der Wert der Coins mittel- bis langfristig gegen Null tendiert. Zudem sollte vermieden werden zu Höchstkursen in den Markt einzusteigen. Natürlich lässt sich kurzfristig nie voraussagen ob ein Markt steigt oder fällt, allerdings neigen gerade Einsteiger davon sich vom Hype rund um Bitcoin anstecken zu lassen. Das dieser Hype üblicherweise besonders groß ist wenn der Preis gerade neue Höchststände erreicht versteht sich von selbst. Jeder Anleger sollte sich also fragen ob aktuell wirklich eine gute Kaufgelegenheit ist, oder ob er lediglich kaufen möchte weil der Bitcoin-Preis gerade wieder einen steilen Anstieg hinter sich hat und man Angst hat etwas zu verpassen. Im zweiten Fall kann es durchaus Sinn machen den nächsten Kursausschlag nach unten abzuwarten und zu günstigeren Preisen einzusteigen. Alternativ ist es natürlich ebenfalls eine gute Strategie den Cost-Average-Effekt zu nutzen und z.B. eine Art Sparplan einzurichten um in regelmäßigen Abständen die gewünschten Währungen zu kaufen. So kauft man mal zu höheren und mal zu niedrigeren Preisen und bekommt langfristig einen Durchschnittspreis, der ebenfalls eine gute Rendite ermöglichen sollte.

Für Anfänger ist es hierbei völlig ausreichend sich zunächst nur auf Bitcoin zu konzentrieren und andere Währungen zunächst zu ignorieren. Viele Anleger empfinden den Bitcoin bereits als recht teuer und vermuten bei anderen Coins ein deutlich größeres Potenzial nach oben. Dies ist jedoch ein Denkfehler, dem schon viele erlegen sind. Denn nur weil der Preis des Bitcoin bereits stark gestiegen ist begrenzt dies in keiner Weise sein Potenzial noch weiter dramatisch im Wert zu steigen. In der Tat zeigt die Statistik der letzten Jahre, dass der Bitcoin langfristig alle anderen Coins outperformed hat. Zwar zeigten einzelne Währungen für kurze Zeit immer mal wieder eine bessere Performance als der Bitcoin, auf lange Sicht kann dem Platzhirsch allerdings niemand das Wasser reichen. In der

Vergangenheit war es immer eine gute Idee sein Geld auf Bitcoin zu setzen und das wird es voraussichtlich auch in der Zukunft sein.
Gerade als Einsteiger ist also die Empfehlung zunächst mit Bitcoin zu starten und diesen entweder langfristig als Sparplan oder als Einmalanlage zu einem möglichst niedrigen Einstiegskurs zu erwerben. Die Haltedauer sollte hier in jedem Fall mehrere Jahre betragen und es sollte kein Geld investiert werden, dass nach einem bestimmten Zeitraum zwingend benötigt wird. Erst wenn ein paar Erfahrungen mit Bitcoin gemacht wurden und man sich mit der Materie befasst hat sollten weitere Investitionen in andere Währungen erfolgen.

5.3.2 Mining

Eine weitere Möglichkeit mit Kryptowährungen Geld zu verdienen ist die Betätigung als Miner. Die Idee klingt zunächst sehr verführerisch und ist häufig vor allem für jene interessant, die keine größeren Ersparnisse haben um sie direkt in Bitcoin und Co. zu investieren. Zum Mining muss zunächst einmal nur entsprechende Hardware angeschafft werden, sowie die laufenden

Stromkosten gezahlt werden und schon sammeln sich nach und nach die Kryptowährungen auf der eigenen Wallet an.

Was jedoch zunächst interessant klingt ist jedoch für Privatleute schon lange nicht mehr rentabel. Im Lauf der Jahre und mit zunehmender Beliebtheit der Kryptowährungen hat sich das Mining immer mehr professionalisiert. Das führte dazu, dass sich die Aktivitäten häufig in Länder verlagert haben, die einen vergleichsweise günstigen Zugang zu elektrischem Strom bieten, wie z.B. China. Dort entstanden häufig große Mining-Farmen mit hochspezialisierter Hardware, womit die Hashraten in immer neue Höhen getrieben wurden. Zumindest im Fall von Bitcoin wird der Markt inzwischen von solchen professionellen Anbietern dominiert. Als Privatperson ist es unmöglich hier zu konkurrieren und dabei noch signifikante Profite zu machen. Bei zahlreichen kleineren Coins sind die Verdienstmöglichkeiten zwar derzeit noch besser als beim Bitcoin, große Renditen lassen sich aber auch hier nicht erwirtschaften. Die Investition in teure Mining-Hardware dürfte sich in der Regel nicht lohnen. Im schlimmsten Fall kann das Mining aufgrund der teuren Stromkosten in Deutschland sogar zum Verlustgeschäft werden. Eine Investition in Mining erscheint derzeit und auch in der nahen Zukunft deshalb wenig erfolgversprechend.

5.3.3 Staking

Das Staking von Coins erfreut sich als passive Einkommensquelle immer größerer Beliebtheit. Es geht aus dem Konsensverfahren Proof-of-Stake hervor, das bereits im Kapitel 3.5 vorgestellt wurde. Bei diesem Verfahren wird der Konsens im Netzwerk durch das Einbringen eigenen Vermögens in Form von Coins bzw. Token erreicht. Beim Staking schließt der Nutzer sozusagen eine bestimmte Anzahl Coins auf einer Adresse ein und erhält hierfür Stimmrechte im Konsensusprozess sowie regelmäßige Ausschüttungen vom Netzwerk. Der Nutzer übernimmt hierbei also die Aufgabe, die beispielsweise im Bitcoin-Netzwerk von Minern erledigt wird, nur dass hierfür nicht der Betrieb großer Mining-Rechner nötig ist, sondern lediglich der Besitz einer bestimmten Menge der jeweiligen

Kryptowährung. Diese wird beim Staking weggeschlossen bzw. „gelockt“ und kann somit vom Nutzer nicht anderweitig genutzt werden. Die Teilnahme am Staking ähnelt somit also durchaus einer klassischen Geldanlage, wo eine bestimmte Summe zum Beispiel in Tages- oder Festgeld angelegt wird. Auch hier zahlt der Besitzer eine bestimmte Summe auf ein Konto ein, wo das Geld verbleiben muss und erhält dafür eine regelmäßige Gutschrift in Form von Zinsen. Während aber aufgrund der aktuellen Niedrigzinsphase die Renditen solcher Anlagen im klassischen Geldsystem enttäuschend niedrig sind können im Bereich der Kryptowährungen durchaus noch attraktive Renditen erwirtschaftet werden. Das Risiko für den Anleger ist hierbei sehr gering, da er zu keinem Zeitpunkt die Kontrolle über seine Coins aufgeben muss. Er hält stets den Schlüssel zur entsprechenden Adresse und kann nach Belieben über seine Coins verfügen. Sobald diese jedoch von der entsprechenden Adresse entfernt werden endet auch das Staking und somit der Zufluss von weiteren Coins.

Die Voraussetzungen zur Teilnahme am Staking sowie die ausgezahlten Vergütungen können je nach Währung schwanken. In den meisten Fällen ist eine Mindestmenge an Coins notwendig um zum Staking zugelassen zu werden. Bei anderen Projekten müssen die Coins eine vorgeschriebene Zeit unverändert auf einer Adresse liegen, bis sie am Staking teilnehmen können oder ähnliches. Die Renditen schwanken enorm und liegen zwischen 1 Prozent und mehreren hundert Prozent. Letzteres findet sich allerdings nur bei kleinen und tendenziell eher unseriösen Projekten. Von einer Investition in diese Coins kann grundsätzlich abgeraten werden, da es in praktisch allen Fällen wohl nur eine Frage der Zeit sein dürfte, bis diese Projekte wieder vom Markt verschwinden. Das Risiko eines Totalverlustes ist hier also sehr groß. Allerdings sind auch bei etablierten und risikoärmeren Projekten durchaus Renditen zwischen fünf und zehn Prozent möglich, von denen der durchschnittliche Sparer heutzutage nur träumen kann. Auf der Webseite poslist.org kannst du dir einen Überblick über sämtliche verfügbaren Staking-Coins und die jeweiligen Renditen machen.

Um das Staking zugänglicher zu machen sind in der letzten Zeit immer mehr Anbieter auf den Markt getreten, die Staking-Pools anbieten. Hierbei sammelt der Anbieter verschiedenste Coins von Anlegern ein und übernimmt für diese das Staking. Als Gegenleistung werden einige Prozent des Gewinns einbehalten. Für Anleger bietet dieses Vorgehen zum einen eine Erleichterung, da sie sich nicht mit dem Prozess des Stakings auseinandersetzen müssen. Zum anderen wird in einigen Fällen erst auf diese Art das Staking einiger Coins möglich. Bei einigen Projekten ist die Mindestmenge benötigter Coins schlicht so hoch bzw. der Gegenwert der Coins so enorm, dass kein Normalverdiener hiermit Staking betreiben könnte. Bei der Währung Dash sind beispielsweise 1.000 Coins nötig, was beim derzeitigen Preis einen hohen fünfstelligen Investitionsbetrag bedeuten würde. In einigen Fällen sind somit Staking-Pools ein durchaus praktisches Werkzeug um am Staking bestimmter Währungen teilzunehmen. Ein bedeutender Nachteil soll hier allerdings auch nicht verschwiegen werden, nämlich der Kontrollverlust über die eigenen Coins. Diese müssen nämlich dem Anbieter übergeben werden, wodurch der Besitzer zeitweise die Kontrolle über seine Coins aufgibt. Und auch ohne, dass man dem Betreiber des Pools bösartige Absichten unterstellt ist hiermit natürlich ein gewisses Risiko verbunden, da man schlicht nicht weiß ob der Betreiber stets die Sicherheit der Coins garantieren kann. Sofern du die Bedingungen des jeweiligen Coins auch alleine erfüllen kannst ist somit das selbständige Staking in jedem Fall vorzuziehen, da du zum einen die volle Rendite erhältst und zum anderen kein Verlustrisiko eingehst bzw. dieses selbst beeinflussen kannst. Alle anderen sollten für sich abwägen ob Sie das Risiko eingehen wollen ihre Kryptowährungen aus der Hand zu geben und einem Staking Pool beizutreten. Auf jeden Fall sollte sich jeder Nutzer vorher umfassend über den Anbieter informieren um die Seriosität sicherzustellen. Unter anderem betreibt Julian Hosp, einer der größten deutschen Influencer im Bereich Kryptowährungen, einen solchen Service: cakedefi.com. Hier kann man als Nutzer wohl relativ sicher sein, dass man es mit einem seriösen Anbieter zu tun hat, denn es ist wohl kaum anzunehmen, dass jemand, der viel Geld mit seinem guten Ruf und seinem Image verdient, dies mit betrügerischem Verhalten mutwillig zerstören würde.

5.3.4 Lending

Lending bezeichnet, wie der Name schon nahelegt, das Verleihen von Kryptowährungen. Was sich im klassischen Geldsystem mit dem vermehrten Aufkommen von P2P-Krediten, wo Privatpersonen ihr Vermögen verleihen und dafür Zinsen einnehmen, in den letzten Jahren immer mehr etabliert hat, ist somit auch im Bereich der Kryptowährungen möglich. Hier wird es in den nächsten Jahren noch viele spannende Entwicklungen geben, die das Verleihen von Kryptowährungen immer einfacher und zugänglicher machen. So hat Viainvest, ein größerer Vermittler von Konsumentenkrediten, bereits angekündigt in der Zukunft auch Bitcoin Kredite anbieten zu wollen.

Derzeit beschränkt sich das Angebot noch auf Anbieter, die exklusiv im Krypto-Bereich arbeiten, wodurch viele klassische Investoren noch ein wenig Berührungsängste haben. Dies heißt jedoch nicht, dass die Anbieter unseriös wären oder man vom Verleihen der eigenen Währungen grundsätzlich Abstand nehmen sollte. So zählt zum Beispiel auch die große Börse Binance zu den Anbietern, die Lending auf ihrer Plattform ermöglichen. Die möglichen Renditen schwanken und ändern sich hierbei laufend. Man kann jedoch sagen, dass Renditen von 4-7 Prozent pro Jahr sehr realistisch erreicht werden können. Vereinzelt sind auch Zinsen in Größenordnungen von 10 Prozent oder höher möglich. Eine gute Übersicht der verschiedenen Anbieter mit den aktuellen Zinssätzen findest du auf defirate.com.

Doch warum erfreut sich das Verleihen von Kryptowährungen eigentlich so großer Beliebtheit? Ganz einfach, es löst ein weit verbreitetes Problem vieler Investoren: es bietet ihnen Liquidität. Klassische Investoren, die Gold, Aktien oder Immobilien besitzen können diese jederzeit als Sicherheit bei einer Bank nutzen um im Bedarfsfall Zugang zu Geld zu haben. Investoren, die größere Teile ihres Vermögens in Kryptowährungen investieren steht dieser Weg nicht offen, da keine Bank Kryptowährungen als Sicherheit akzeptiert. Krypto-Lending bietet hier eine Lösung an: Investoren können ihre eigenen Kryptowährungen als Sicherheit hinterlegen und bekommen hierfür frisches Kapital, ohne ihre Investments verkaufen zu müssen. Gleichzeitig können Anleger, ihre Coins für sich arbeiten lassen und Zinsen mit ihnen generieren, indem sie diese verleihen. Der Kredit ist hierbei immer durch die hinterlegten Sicherheiten der Schuldner gedeckt. Sollte der Kredit also nicht ordnungsgemäß zurückgezahlt werden wird der Gläubiger von der Plattform durch die Sicherheiten des Schuldners entschädigt. Nichts desto trotz ist das Lending natürlich mit einem gewissen Risiko verbunden, denn Risiko und Rendite gehen so gut wie immer Hand in Hand.

Bei der Auswahl eines Anbieters lassen sich grundsätzlich zentralisierte und dezentralisierte Plattformen unterscheiden. Auch wenn im Bereich der Kryptowährungen Dezentralität ein wichtiges Kriterium ist und einen der großen Vorteile von Blockchain-Anwendungen darstellt, so können im Bereich des Lending derzeit eher die zentralisierten Anbieter empfohlen werden. Der Grund ist hier vor allem, dass die Anwendungen noch relativ neu sind und noch wenige Erfahrungen zur Sicherheit und möglichen Fehlerquellen existieren. So basieren die Systeme dezentralisierter Anbieter auf smart contracts, die allesamt noch relativ neu sind und somit kaum Erfahrungen über die Sicherheit vorliegen. Zentralisierte Anbieter greifen hingegen oft auf erprobtere Systeme zurück und bieten in vielen Fällen Versicherungen gegen Verlust von Kundengeldern. Sie bieten deshalb aktuell noch einen deutlichen Vorteil bei der Sicherheit und sollten deshalb bevorzugt werden. Wenn die dezentralisierten Anbieter allerdings über einen längeren Zeitraum ihre Zuverlässigkeit und Sicherheit bewiesen haben dürften sie für Anleger immer interessanter werden.

Große Unsicherheiten gibt es noch bei der steuerlichen Behandlung von Zinsen aus dem Verleihen von Kryptowährungen. Naheliegend ist die Einschätzung, dass es sich hierbei um Kapitaleinkünfte handelt, ähnlich wie bei klassischen Krediten, die von Privatpersonen vergeben werden. Da jedoch Kryptowährungen steuerlich nicht als Währung eingruppiert werden ist die Einordnung nicht ganz so leicht, wie es auf den ersten Blick scheinen mag. Wahrscheinlicher ist, dass die Finanzämter die Einnahmen als Zinsen aus einem Sachdarlehen einstufen. Dies hätte zur Folge, dass die Einkünfte mit dem persönlichen Einkommensteuersatz und nicht pauschal mit 25% versteuert werden, wie Kapitaleinkünfte. Es wird sicher spannend zu sehen wie die Finanzämter mit diesem Phänomen umgehen, wenn mehr und mehr entsprechende Fälle auf den Tischen der Sachbearbeiter landen. In jedem Fall empfiehlt sich die Konsultation eines Steuerberaters, der sich in diesem Feld auskennt. Auch dies sollte vor der Entscheidung, sich am Lending von Kryptowährungen zu beteiligen, bedacht werden.

Im Folgenden sollen einige Anbieter für den Verleih von Kryptowährungen vorgestellt werden. Da dieser Bereich jedoch sehr innovativ und stetig im Wandel ist kommen hier regelmäßig neue Anbieter hinzu. Eine Google-Suche nach weiteren interessanten Lending-Plattformen ist also auf jeden Fall zu empfehlen. Die angegebenen Zinssätze spiegeln den Stand von September 2020 wieder und können sich zum Zeitpunkt der Lektüre dieses Buchs bereits geändert haben.

BlockFi

Junges Unternehmen, das von Zac Prince und Flori Marquez gegründet wurde. Zu den Investoren zählt unter anderem die große US-amerikanische Börse Coinbase.

Zinssätze: 6,2% auf BTC und 3,3% auf ETH für Einlagen unter 10 BTC und 100 ETH. Bei höheren Einlagen sinken die Zinssätze auf 2,2% für BTC und 0,5% für ETH. Es gibt keine Mindesteinzahlung.

Sicherheit: Speicherung der Krypto-Assets bei Gemini (lizenzierter Depotinhaber mit Versicherung und keinerlei bekannten Verlusten seit Bestehen).

Webseite: https://blockfi.com

Nexo

Nexo wurde in 2017 von Michael Arrington gegründet und zählt mit fast 200.000 Kunden zu den größten Anbietern auf dem Markt. Nexo bietet Auszahlungen in insgesamt 45 verschiedenen Fiatwährungen an.

Zinssätze: Die Zinsen schwanken zwischen 5,9 – 11,9%.

Sicherheit: Nexo nutzt Wallets von BitGo, die im Fall des Verlusts über die Londoner Lloyd's Bank versichert sind. Die Einnahmen können bei Nexo täglich ausbezahlt und Leihgeschäfte jederzeit aufgelöst werden, was für die Kunden eine hohe Flexibilität bedeutet.

Webseite: https://nexo.io

Binance

Binance ist die weltweit größte Börse für Kryptowährungen und noch relativ neu im Geschäftsfeld Lending. Binance zeichnet sich durch die einfache Bedienung und die große Erfahrung im

Umgang mit Kryptowährungen aus. Die Auswahl an Währungen für Leihgeschäfte ist sehr groß.

Zinssätze: Für die eigene Kryptowährung BNB Renditen von bis zu 15%. Für flexible Anlagen anderer Währungen eher geringe Renditen zwischen 0,2 und 2,99%. Für einige länger laufende Angebote zeitweise auch höhere Zinssätze verfügbar.

Sicherheit: Großes und im Krypto-Bereich erfahrenes Unternehmen. Binance legt Gelder in einem Sicherungsfonds zurück, aus dem Nutzer im Fall eines Diebstahls oder anderweitigem Verlust ihrer Währungen entschädigt werden.

Webseite: https://www.binance.com

Celsius

Celsius sorgte bereits zu seiner Gründung in 2018 für eine enorme Aufmerksamkeit. Zum einen ist der Gründer Alex Mashinsky kein unbeschriebenes Blatt, denn er gilt als einer der Erfinder der Voice-over-IP-

Technologie. Zum anderen wurde Celsius bereits im Forbes Magazin als eines der Top Ten Unternehmen in 2018 genannt und prognostiziert, dass diese das traditionelle Bankengeschäft aufrütteln würden. Es stehen folgende Währungen für Leihgeschäfte zur Verfügung: BTC, ETH, BCH, XRP, LTC, DASH. Celsius berechnet keine Auszahlungsgebühren, keine Depotgebühren und keine Transaktionsgebühren.

Zinssätze: Bis zu 10% Rendite

Sicherheit: Celsius nutzt Wallets von BitGo. Die Einlagen sind über die Lloyd's Bank in London gegen Diebstahl und Konkurs des Anbieters versichert.

Webseite: https://celsius.network

Compound Finance

Compound Finance ist eine der ersten dezentral arbeiteten Lending-Plattformen. Das Protokoll läuft auf der Ethereum-Blockchain und zahlreiche Coins und Token können als Sicherheit hinterlegt werden, so zum Beispiel ZRX, BAT, DAI, ETH und USDC.

Zinssätze: Eine Besonderheit der Plattform besteht darin, dass die erwirtschafteten Zinsen gleichmäßig auf alle Kreditgeber verteilt werden, auch wenn einzelne hinterlegte Mittel beispielsweise gar nicht genutzt werden. Hierdurch ist sichergestellt, dass alle Teilnehmer profitieren, allerdings sind die Renditen grundsätzlich etwas niedriger als sie es theoretisch sein könnten. Die Renditen schwanken sehr stark, da sie sich grundsätzlich an Angebot und Nachfrage ausrichten.

Sicherheit: Die Sicherheit für dezentralisierte Systeme ist zum derzeitigen Stand schwer zu beurteilen. Solange die Protokolle korrekt funktionieren und keine Möglichkeit der Einflussnahme Außenstehender bieten ist die Sicherheit sehr hoch. Da genau dies aber aufgrund der geringen Erfahrungen mit diesen Projekten nicht sicher beurteilt werden kann sollten Anleger zum jetzigen Zeitpunkt vorsichtig sein und hier ggf. nur geringe Summen investieren.

Webseite: https://compound.finance

5.4 Initial Coin Offerings (ICO's) – Die neue Art der Unternehmensfinanzierung

Eine weitere Möglichkeit in Kryptowährungen zu investieren soll an dieser Stelle nicht unerwähnt bleiben. Mit dem Aufkommen weiterer Kryptowährungen neben Bitcoin kam natürlich auch irgendwann das Problem auf, wie diese zum Teil ambitionierten Projekte finanziert werden sollen. In Anlehnung an Initial Public Offerings (IPO), also die erstmalige Herausgabe von Aktien an der Börse, entstanden mit der Zeit die sogenannten Initial Coin Offerings oder ICO's. Diese bezeichnen den Prozess der erstmaligen Ausgabe einer Kryptowährung an Investoren. Für Unternehmen im Krypto-Bereich ist dies eine beliebte Methoden um die eigene Unternehmung zu finanzieren und Anleger haben die Möglichkeit sich frühzeitig die Coins oder Token eines Projektes zu sichern, von dem sie zukünftig eine positive Entwicklung Gewinne erwarten. Natürlich ist dies eine Investition mit sehr hohem Risiko, da man zu einem Zeitpunkt in ein Projekt investiert, wo noch nicht ansatzweise absehbar ist, ob dieses langfristig erfolgreich sein wird. In nicht wenigen Fällen existierte zum Zeitpunkt der ICO nicht viel mehr als ein Konzept oder eine Vision, was aber zahlreiche Anleger nicht davon abhielt ihr Geld zu investieren.

Im Jahr 2017 kam es zu einem regelrechten Boom der ICO's. Durch das Aufkommen von Ethereum wurde die Kreation neuer Kryptowährungen enorm vereinfacht. Hier war es mit relativ geringem Aufwand möglich auf Basis der Ethereum Blockchain seinen eigenen Token zu kreieren und diesen unter das Volk zu bringen. Dies führte zu einer wahren Schwemme neuer Token und zahlreicher ICO's. Gleichzeitig gab es viele hungrige Investoren, die geblendet von den teils astronomischen Kursgewinnen, relativ unkritisch ihr Geld in verschiedenste Projekte investierten. Einige der durchgeführten ICO's stellten sich dann auch relativ schnell als reine Betrugsmaschen heraus. Skrupellose Betrüger nutzten den Boom und führten unter großen Versprechungen ICO's durch, nur um danach mit dem eingesammelten Geld zu verschwinden und die Anleger mit wertlosen Coins sitzen zu lassen.

Doch auch ohne die zahlreichen Betrüger dürften die vielen Anleger, die Geld in ICO's investiert haben, zum großen Teil Verluste eingefahren haben. Viele der Projekte, in die oftmals Millionen von Euro geflossen sind, dürften diese Summen nicht ansatzweise wert sein. Vielen fehlt ein sinnvoller Anwendungszweck, oder sie sind einfach simple Kopien des Bitcoin oder anderer bereits existierender Währungen. Bereits heute sind viele der Projekte, die in 2017 Millionen von Euro eingesammelt haben, so gut wie tot und die ausgegebenen Coins und Token extrem im Wert gefallen. Insbesondere Anfängern kann deshalb von Investitionen in ICO's nur abgeraten werden. Hier die Spreu vom Weizen zu trennen und die wenigen erfolgversprechenden Projekte in der großen Masse zu finden erfordert viel Sachkenntnis und Erfahrung und ist auch für Profis noch immer ein eher riskantes Investment. Einsteiger sollten sich zu Beginn unbedingt auf die bereits etablierten Coins konzentrieren und sich nicht von den vermeintlich hohen Gewinnaussichten bei ICO's verführen lassen. Die jüngste Geschichte hat deutlich gezeigt, dass die überwiegende Mehrheit der Anleger hierbei große Verluste erleidet.

5.5 Die häufigsten Fehler beim Investieren in Kryptowährungen

Um beim Investieren in Kryptowährungen erfolgreich zu sein, gilt es, nicht nur auf solide Coins zu setzen und gute Einstiegskurse zu erwischen, sondern vor allem einige der größten Fallstricke und Fehler zu vermeiden. Wer folgende Punkte beachtet, steigert seine Chancen beträchtlich von den traumhaften Renditen im Bereich der Kryptowährungen zu profitieren.

1) Investieren in „Geheimtipps"

Wer sich mit Kryptowährungen auseinandersetzt beschafft sich seine Informationen in der Regel zu großen Teilen über das Internet. Zahllose Blogs, Webseiten, Youtube-Kanäle und Podcasts zum Thema versorgen Interessierte mit einer großen Fülle von Informationen, aber dienen gleichzeitig als Marketingkanäle zahlreicher Unternehmen und Betrüger. Wer sich nur lange genug über verschiedene Foren, Facebook-Gruppen oder Youtube-Videos mit dem Thema befasst wird immer wieder mit Geheimtipps zum neuesten „Wahnsinns-Projekt“ und dem „nächsten Bitcoin“ konfrontiert. Wer sich länger im Krypto-Bereich bewegt wird feststellen, dass der allergrößte Teil dieser Projekte relativ schnell wieder in der Versenkung verschwinden und oft bereits nach einigen Monaten niemand mehr davon redet. Andere Projekte bleiben zwar etwas länger im Gespräch, besitzen aber letztendlich auch nur wenig Substanz und verschwinden irgendwann von der Bildfläche.

Sei also grundsätzlich vorsichtig, wenn auf einschlägigen Blogs und in den sozialen Medien bestimmte Kryptowährungen als Geheimtipp vermarktet werden oder Influencer immer wieder dieselben kleinen Projekte in den Himmel loben oder sogar aktiv zum Kauf aufrufen. Oftmals verbirgt sich dahinter einfach nur eine durchdachte Marketingstrategie. Sei dir immer bewusst, dass auch die Profis in dieser Szene nicht mit Sicherheit voraussagen können welche Projekte langfristig erfolgreich sein werden. Und auch wenn jemand z.B. durch Insiderkenntnisse einen echten Geheimtipp kennt würde er dieses Wissen sicher nicht mit Millionen Menschen im Internet teilen. Sei also immer skeptisch und investiere nur weil du selbst von einem Projekt überzeugt bist und nicht weil irgendein Blog-Autor einen bestimmten Coin empfiehlt.

2) Behalte die Kontrolle über deine Coins

Dieser Hinweis klingt trivial, ist es aber nicht in allen Fällen. Das man den privaten Schlüssel und somit die Verfügungsgewalt über seine Coins nicht einfach an Dritte weitergibt versteht sich von selbst. Allerdings gibst du als Besitzer einer Kryptowährung bereits die Kontrolle über diese ab wenn du die Währung zum Beispiel auf eine Börse transferierst. In diesem Moment liegen die Coins nicht mehr auf einer Adresse, die du kontrollierst, sondern in einem Wallet der Exchange.

Diese stellt dir über einen Browser zwar eine Benutzeroberfläche zur Verfügung, mit der du steuern kannst was mit den Coins geschieht, ein gewisses Risiko wird hierbei jedoch immer bleiben. Zwar würde wohl keine der großen Exchanges selbst das Geld ihrer Kunden unterschlagen, doch sind praktisch alle Börsen regelmäßig Ziel von Hackerangriffen und in größeren Abständen gelingt es den Angreifern immer mal wieder größere Mengen an Coins zu entwenden. Du solltest also stets bemüht sein selbst die Kontrolle über deine Coins zu haben und die privaten Schlüssel selbst zu verwalten. Wenn du auf Börsen handelst solltest du die Zeit, in der deine Coins in einer Wallet der Exchange verbringen möglichst minimieren und auch sonst sehr vorsichtig sein, wenn es darum geht deine Kryptowährungen anderen Personen oder Unternehmen zur Verfügung zu stellen.

3) FOMO und FUD

FOMO und FUD haben schon viele Krypto-Investoren kalt erwischt und für große Verluste gesorgt. FOMO steht für Fear of missing out, also die Angst etwas zu verpassen. Dies ist ein Effekt, der oft bei unerfahrenen Anlegern zu beobachten ist und einsetzt sobald größere Kursbewegungen nach oben stattgefunden haben und allgemein eine Art Goldgräberstimmung am Markt herrscht. Bei Kryptowährungen gab es aufgrund der extremen Volatilität bereits mehrere solcher Phasen, wo die Märkte derart stark stiegen, dass FOMO um sich griff. Die Betroffenen haben aufgrund der starken Kurssteigerungen und der allgemein positiven Stimmung an den Märkten das Gefühl hohe Renditen zu verpassen. Es entsteht der Gedanke, dass gerade all die anderen reich werden, nur man selbst nicht. Dies führt dann häufig zu unüberlegten und überstürzten Käufen, um ebenfalls am Erfolg an den Märkten teilzuhaben. Hierbei wird natürlich häufig zu sehr hohen Preisen gekauft, was dazu führt, dass ein großer Teil der Anleger letztendlich Verluste macht. Denn nach einem steilen Anstieg fallen die Kurse üblicherweise auch wieder deutlich und pendeln sich auf einem neuen Niveau ein. Wenn dieses niedriger ist als der Kaufpreis hat der Anleger also zunächst mal ein ordentliches Minus erwirtschaftet. Damit dir dies nicht passiert mach dir bitte die Gefahr eines solchen Handelns bewusst und bedenke, dass erfolgreiche Anleger bei (tendenziell) eher niedrigen Kursen kaufen. Auch wenn du nie den Tiefpunkt treffen wirst ist so doch gewährleistet, dass du auf lange Sicht mit sehr großer Wahrscheinlichkeit Gewinne machst. Lass dich also beim nächsten Bitcoin-Boom nicht von der Euphorie anstecken und investiere keinesfalls nachdem der Preis bereits um ein Vielfaches gestiegen ist. In solchen Fällen ist es praktisch immer besser abzuwarten und auf einen Kursrücksetzer zu warten um dann zu investieren.

FUD ist so ziemlich das Gegenteil der oben beschriebenen Entwicklung. Es steht für „Fear, Uncertainty and Doubt“ und bezeichnet eine Verunsicherung, die viele Anleger bei fallenden Kursen trifft. Ähnlich wie bei FOMO sind die Betroffenen nicht mehr in der Lage rational zu denken und treffen schlechte Entscheidungen. So geraten Besitzer von Kryptowährungen durch FOMO oft in die Versuchung ihre Währungen schnellstmöglich abzustoßen sobald die Kurse mal stärker nach unten gehen. Insbesondere

Anleger, die unter dem Einfluss von FOMO zu viel zu hohen Kursen gekauft haben neigen später dazu FUD zu entwickeln, wenn die Kurse einbrechen und sie mit ihrer Investition unter Umständen massiv ins Minus rutschen. Oft wird dann zu wahnsinnig niedrigen Preisen verkauft, in dem Versuch zu retten, was noch zu retten ist. Dabei wäre in fast allen Fällen die klügere Entscheidung einfach abzuwarten bis die Preise wieder ein höheres Niveau erreicht haben.

Ähnlich wie die Aktienbörse ist also auch der Kryptomarkt kein Umfeld für allzu undisziplinierte Anleger. Doch während es bei Aktien die Möglichkeit gibt mithilfe von ETF-Sparplänen einen passiven Investmentansatz zu verfolgen, gibt es diese Möglichkeit bei Kryptowährungen derzeit noch nicht. Solltest du jemand sein, der zu den beschriebenen Emotionen neigt und befürchtet, dass er sich nicht unter Kontrolle haben könnte, wenn die Kurse stark schwanken, kannst du überlegen ob du eine Art Sparplan für Kryptowährungen gestaltest. Hierbei kannst du zum Beispiel jedes Quartal einen festen Betrag an eine Börse überweisen und für diese Summe Kryptowährungen kaufen. So kaufst du mal zu hohen und mal zu niedrigen Preisen und erhältst somit auf lange Sicht einen Durchschnittspreis und nutzt den sogenannten Cost-Average-Effekt. Wenn du deine Käufe stur nach diesem Prinzip durchführst und dir vornimmst auch bei starken Marktbewegungen nicht davon abzuweichen läufst du weniger Gefahr ein Opfer von FOMO oder FUD zu werden. Es ist eine Maßnahme zur Selbstdisziplinierung, die in vielen Fällen erstaunlich gut funktioniert.

4) Sich nicht mit Kryptowährungen beschäftigen

Der vierte (und vielleicht größte) Fehler ist schließlich sich gar nicht erst mit Kryptowährungen zu beschäftigen. Nicht nur, dass die Renditen, die in diesem Bereich erwirtschaftet werden können, zum Teil wirklich atemberaubend sind. Auch die Technik und Philosophie hinter Kryptowährungen und insbesondere der Blockchain-Technologie sind faszinierend und haben das Potenzial ganze Wirtschaftszweige zu revolutionieren. Und auch wenn du aktuell zur Entscheidung kommst, dass du noch kein Geld in Kryptowährungen investieren möchtest, so halte ich es doch für essenziell sich mit dem Thema insgesamt auseinanderzusetzen. Die Möglichkeiten, welche allein die Blockchain-Technologie bietet sind schier gigantisch und die Auswirkungen auf die Wirtschaft nur teilweise abzusehen. In jedem Fall werden für Investoren in diesem Kontext immer wieder grandiose Chancen entstehen, die man sich als Anleger nicht entgehen lassen sollte.

Ich möchte dich insofern ermuntern, dass dieses Buch nicht das letzte zum Thema ist, das du liest. Niemand muss tief in die theoretischen und technischen Details eintauchen und diese durchdringen. Ein solides Verständnis für diese neue Welt des Geldes und die Blockchain-Technologie im Speziellen halte ich aber für enorm wichtig um zukünftige Entwicklungen einschätzen zu können und Investment-Chancen rechtzeitig zu erkennen.

Eine Bitte zum Schluss

Ich hoffe sehr, dass dir das Lesen des Buchs Freude gemacht hat und du viele nützliche Information bekommen hast. Falls dies der Fall ist, möchte ich dich bitten, dir kurz die Zeit zu nehmen und eine Rezension auf Amazon zu verfassen!

Dieses Buch ist komplett in Eigenarbeit und ohne jegliche Unterstützung eines Verlags entstanden. Es gibt kein großes Marketingbudget und es werden auch keine positiven Rezensionen gekauft. Um mit Büchern großer Verlage mithalten zu können, benötigt das Buch ehrliche Bewertungen von Lesern wie dir. Über eine Bewertung auf Amazon würde ich mich deshalb sehr freuen. Es kostet dich nur ein paar Minuten, aber kann einen großen Einfluss auf den Erfolg dieses Projektes haben.

Vielen Dank!

Glossar

Altcoins: Steht für alternative Coins und bezeichnet zumeist alle Kryptowährungen, die nach dem Bitcoin entstanden sind. Gelgentlich wird der Begriff auch zur Bezeichnung aller Währungen genutzt, die auf dem Protokoll des Bitcoin basieren.

Bitcoin: Älteste und bis dato erfolgreichste Kryptowährung der Welt. Basiert auf einem dezentral organisierten Buchungssystem und erlaubt das Senden und Empfangen über eine sogenannten E-Wallet,- also ein digitales Portemonnaie. Als gemeinsam genutztes öffentliches Buchungssystem dient eine Blockchain

Blockchain: Die Blockchain agiert ähnlich einer gemeinsam genutzten Datenbank, nur dass diese dezentral verwaltet wird, also auf vielen Rechnern weltweit gespeichert wird und von jedem Nutzer eingesehen werden kann. Viele Teilnehmer im Netzwerk validieren mithilfe verschiedener Konsensverfahren die Transaktionen, die sowohl in Form von Daten- oder Wert-Transaktionen vorliegen können. Jeder Datensatz wird als Block bezeichnet und kryptografisch verschlüsselt an eine Kette von bereits bestehenden Datensätzen (Blockchain) gehängt.

Coin: Ein Coin beschreibt eine eigenständige Kryptowährung wie Bitcoin oder Ethereum. Können im Internet ähnlich herkömmlichem Geld zum Bezahlen und Empfangen von Zahlungen verwendet werden. Wird häufig synonym zur Bezeichnung Kryptowährung verwendet.

Distributed Ledger: Die Technologie des verteilten Hauptbuches wird als Distributed Ledger Technologie bezeichnet. Die Blockchain ist eine von mehreren möglichen Formen diese umzusetzen.

E-Wallet: Auch Cyberwallet oder kurz einfach Wallet genannt ist eine Software, die für den digitalen bargeldlosen Zahlungsverkehr genutzt wird. Das e-Wallet ist eine elektronische Geldbörse und speichert den privaten Schlüssel des Eigentümers. Das Wallet dient den Nutzern zudem als Interface, um mit einer Blockchain zu interagieren.

IOTA: Die IOTA-Stiftung arbeitet an einem Projekt um Kommunikation zwischen verschidenen Maschinen im Internet der Dinge zu ermöglichen. Hierzu wurde unter anderem eine Kryptowährung namens IOTA erschaffen, die als Bezahlsystem zwischen Maschinen bzw. Computern dienen soll. Das IOTA-Protokoll nutzt als technologische Basis keine Blockchain, sondern einen Tangle als dezentral genutzte Datenbank.

Kryptowährung: Digitales Geld, auch Kryptogeld genannt. Liegt nicht in physischer Form vor, sondern leidglich als virtuelles Asset auf einer Blockchain. Transaktionen werden mithilfe kryptografischer Verfahren und digitaler Signaturen durchgeführt.

Krypto-Assets: Assets bedeutet auf Englisch Vermögen, Vermögenswert oder Vermögensgegenstand. Dazu können Personen genauso wie Unternehmen gehören, also im Grunde alles, was einen Wert besitzt. Vermögenswerte, die auf Kryptowährungen basieren, können sein Immobilien, Aktien, Grundstücke, Anleihen, Patente, Markennahmen, Edelmetalle, Rohstoffe oder Firmenwerte. Zählen zu den digitalen Assets und können in Kryptowährungen, Plattform-basierten Token, Utility Token oder Transaktionstoken abgebildet werden.

Mining: Prozess zur Konsensfindung im Bitcoin-Netzwerk, sowie zur Generierung neuer Bitcoins. Für die Durchführung mathematischer Berechnungen mit Hilfe von leistungsstarker Computer Hardware erhalten Minder Belohnungen in Form von Transaktionsgebühren für die von Ihnen bestätigten Transaktionen und neu erschaffenen Bitcoins.

Mining-Farmen: Große Einrichtungen, in denen Miner mit hochspezialisierter Hardware und dementsprechend hoher Rechenleistung mathematische Aufgaben lösen und damit die Konsensbildung im Netzwerk ermöglichen. Mining-Farmen finden sich vor allem im asiatischen Raum und in Ländern mit geringen Stromkosten, da sie überaus viel Strom benötigen.

Peer-to-Peer Netzwerk: Abkürzung P2P. Netzwerke aus mehreren Rechnern, in denen jeder Rechner gleichwertig ist und dementsprechend mit denselben Berechtigungen ausgestattet ist. Die Rechner stellen dabei ohne einen zentralen Server, also dezentral, Funktionen, Dienstleistungen oder Daten zur Verfügung.

Satoshi Nakamoto: Ein Pseudonym unter dem im Oktober 2008 das Bitcoin Whitepaper und im Januar 2009 die Referenzsoftware zu Bitcoin, inzwischen unter Bitcoin Core zu finden, veröffentlicht wurde. Bis heute ist unbekannt, welche Person oder Personengruppe sich hinter dem Namen verbirgt.

Seed: Als Seed wird die kryptografisch erstellte Signatur bezeichnet, die zusammen mit einer E-Wallet Zugriff auf Bitcoin oder andere Kryptowährungen ermöglicht. Der geheime Datenblock kann auf dem Computer gespeichert werden, dann liegt eine Soft Wallet vor. Oder in Form einer Hard Wallet, dann als USB Stick oder externes Gerät. Der Seed darf niemals weitergegeben werden und sollte geheim gehalten werden.

Smart Contracts: Digitale Verträge, die auf einer Blockchain abgebildet werden können. Neben IOTA und dem Tangle ist die bekannteste Blockchain-Plattform Ethereum. Die Verträge führen sich selbst aus, sobald eine bestimmte zuvor definierte Startbedingung eintritt. Ihr Code ist offen einsehbar, so dass jeder Beteiligte genau nachvollziehen kann, wie ein bestimmter smart contract funktioniert. Sie bilden die Grundlage für die Abbildung von Verträgen auf einer Blockchain, die ohne eine kontrollierende Instanz geschlossen werden können.

Tangle: Datenbank die jede Transaktion dezentral abspeichert, allerdings nicht wie bei der Blockchain hintereinander sondern in einem Gewirr aus azyklischen Graphen. Dieser kehrt niemals zum Ausgangspunkt zurück und speichert Transaktionen nicht auf Blöcken sondern in einem Netzwerk. Das sorgt für weniger Rechenlast, ermöglicht Transaktionen in Echtzeit und ohne Gebühren. Das Konzept des Tangles wurde erstmalig von der IOTA Foundation in die Realität umgesetzt und dort genutzt um die Kommunikation zwischen Maschinen abzubilden.

Impressum

Richard Dahlhoff

Vertreten durch

Hendrik Schürmann

Domänenweg 4

32108 Bad Salzuflen

Kontakt: books@mein.gmx

Cover: fivrdesign

ISBN: 9798693309609

Printed in Poland
by Amazon Fulfillment
Poland Sp. z o.o., Wrocław

70606867R00099